LES
AUTEURS LATINS

EXPLIQUÉS D'APRÈS UNE MÉTHODE NOUVELLE

PAR DEUX TRADUCTIONS FRANÇAISES

L'UNE LITTÉRALE ET JUXTALINÉAIRE PRÉSENTANT LE MOT A MOT FRANÇAIS
EN REGARD DES MOTS LATINS CORRESPONDANTS
L'AUTRE CORRECTE ET PRÉCÉDÉE DU TEXTE LATIN

avec des sommaires et des notes

PAR UNE SOCIÉTÉ DE PROFESSEURS

ET DE LATINISTES

CICÉRON

—

DISCOURS POUR LA LOI MANILIA

EXPLIQUÉ LITTÉRALEMENT
TRADUIT EN FRANÇAIS ET ANNOTÉ

PAR G. LESAGE
Professeur au lycée Charlemagne

PARIS

LIBRAIRIE DE L. HACHETTE ET Cie
RUE PIERRE-SARRAZIN, N° 14
(Près de l'École de Médecine)

—

LES

AUTEURS LATINS

EXPLIQUÉS D'APRÈS UNE MÉTHODE NOUVELLE

PAR DEUX TRADUCTIONS FRANÇAISES

Ce discours a été expliqué littéralement, traduit en français et annoté par M. Lesage, professeur au lycée Charlemagne.

Imprimerie de Ch. Lahure (ancienne maison Crapelet
rue de Vaugirard, 9, près de l'Odéon.

LES
AUTEURS LATINS

EXPLIQUÉS D'APRÈS UNE MÉTHODE NOUVELLE

PAR DEUX TRADUCTIONS FRANÇAISES

L'UNE LITTÉRALE ET JUXTALINÉAIRE PRÉSENTANT LE MOT A MOT FRANÇAIS
EN REGARD DES MOTS LATINS CORRESPONDANTS
L'AUTRE CORRECTE ET PRÉCÉDÉE DU TEXTE LATIN

avec des sommaires et des notes

PAR UNE SOCIÉTÉ DE PROFESSEURS

ET DE LATINISTES

CICÉRON
DISCOURS POUR LA LOI MANILIA

PARIS

LIBRAIRIE DE L. HACHETTE ET Cie
RUE PIERRE-SARRAZIN, Nº 14
(Près de l'École de Médecine)

1854
1853

AVIS

RELATIF A LA TRADUCTION JUXTALINÉAIRE.

On a réuni par des traits, dans la traduction juxtalinéaire, les mots français qui traduisent un seul mot latin.

On a imprimé en *italiques* les mots qu'il était nécessaire d'ajouter pour rendre intelligible la phrase française, et qui n'avaient pas leur équivalent dans le latin.

Enfin, les mots placés entre parenthèses, dans le français, doivent être considérés comme une seconde explication, plus intelligible que la version littérale.

ARGUMENT ANALYTIQUE.

Lucullus, chargé depuis huit ans de la guerre contre Mithridate, l'avait vaincu dans plusieurs batailles et poursuivi jusque dans le royaume de Tigrane. Mais ses soldats avaient refusé de le suivre plus avant, et demandaient à grands cris qu'on les ramenât dans leur patrie. Déjà la révolte était près d'éclater, lorsque le sénat révoqua les pouvoirs de Lucullus, et lui donna pour successeur M. Acilius Glabrion, homme de peu de mérite, et qui n'inspirait aucune confiance. Cependant Mithridate et Tigrane poussaient la guerre avec une nouvelle vigueur, et venaient de faire essuyer une sanglante défaite à Triarius, lieutenant de Lucullus. Pompée se trouvait en Asie, où il avait été amené par la suite de ses exploits contre les pirates. Le tribun Manilius proposa une loi qui lui remît le commandement de la guerre contre Mithridate et le gouvernement des provinces d'Asie. Le sénat fut alarmé de cette proposition, qui tendait à investir Pompée d'un pouvoir immense, et la loi, portée devant l'assemblée du peuple, y fut vivement combattue par Catulus et Hortensius. Cicéron prononça en faveur de la proposition du tribun cette harangue, où il prouve que Pompée est le seul général capable de terminer promptement et heureusement cette guerre importante.

Cicéron avait quarante et un ans lorsqu'il soutint la loi Manilia, 'an 687 de Rome.

I. Abordant pour la première fois la tribune politique, Cicéron veut reconnaître, autant qu'il sera en son pouvoir, les suffrages dont le peuple l'a honoré dans ses comices.

II. Après avoir fait ressortir la nature et l'importance de la guerre actuelle, Cicéron s'occupera du choix d'un général.

III. Depuis le massacre de citoyens romains dont il a donné le signal, Mithridate, malgré les triomphes de Sylla et de Muréna, est encore impuni.

IV. Il a profité du loisir qui lui était donné pour préparer une nouvelle guerre et s'entendre avec les ennemis de Rome en Espagne;

DISCOURS POUR LA LOI MANILIA.   1

mais ce double danger a été dissipé par la valeur de Pompée et de Lucullus.

V. Les Romains seront-ils moins fiers en face de pareils attentats que leurs ancêtres ne l'étaient pour de légères offenses? Les alliés, dont le péril est extrême, n'osent élever la voix parce qu'ils craignent de déplaire à Rome; mais un seul homme leur semble capable d'assurer leur salut.

VI. L'appréhension seule de la guerre compromet les revenus de la province la plus opulente de l'empire.

VII. Elle expose la fortune des chevaliers qui ont affermé les impôts et des citoyens qui font le commerce avec l'Asie; et par suite elle ébranle le crédit public dans Rome même.

VIII. L'orateur rappelle les brillants avantages obtenus par Lucullus contre Mithridate.

IX. Malgré ces premiers succès, la guerre n'en reste pas moins très-difficile; car Mithridate, obligé de fuir de ses États, y est rentré avec le secours de l'Arménie; il a battu l'armée romaine, et il se prépare à une nouvelle lutte plus terrible que les précédentes.

X. Pompée est de tous les généraux romains celui qui réunit au plus haut degré les qualités nécessaires pour venir à bout d'une guerre de cette importance.

XI. L'orateur énumère les exploits de Pompée en Italie, en Espagne, en Gaule, et décrit la terreur que répandaient les pirates sur toutes les mers, dans toutes les îles, dans toutes les contrées maritimes.

XII. Les côtes de l'Italie, les flottes romaines elles-mêmes n'étaient pas à l'abri de leurs attaques. Pompée extermine ou soumet les pirates avec une incroyable rapidité.

XIII. Intégrité de Pompée; excellente discipline établie par lui dans son armée.

XIV. La rapidité de Pompée vient de ce qu'aucune passion ne le détourne et ne l'arrête. Son affabilité, son éloquence, sa bonne foi, son humanité.

XV. Le nom de Pompée jouit de cette réputation qui est d'un si grand poids dans les guerres.

XVI. Un bonheur constant semble attaché par la divinité à toutes ses entreprises.

XVII. L'orateur Hortensius s'oppose à l'adoption de la loi présentée par Manilius; il ne veut pas que l'on confie tout à un seul homme. Mais Hortensius a déjà eu le tort de parler contre la loi

Gabinia, qui remettait à Pompée seul le commandement de la guerre contre les pirates.

XVIII. Les insultes des pirates étaient une honte pour Rome, qui se trouvait impuissante à les réprimer.

XIX. Le peuple, mieux inspiré qu'Hortensius, a adopté la proposition de Gabinius. Aujourd'hui, on refuse de donner Gabinius pour lieutenant à Pompée, qui le réclame : Cicéron espère qu'on reviendra sur ce refus; il fera d'ailleurs au besoin une proposition formelle à ce sujet.

XX. Catulus s'oppose à la loi Manilia, parce que les lois et les coutumes des ancêtres ne permettent pas de confier à la fois plusieurs commandements à un citoyen.

XXI. Déjà dans bien des circonstances on a dérogé aux lois et aux coutumes en faveur de Pompée et pour le bien de l'État; Catulus a tout approuvé.

XXII. Que toutes les oppositions cèdent devant les vœux du peuple romain. Il ne faut pas seulement que le général qu'on enverra en Asie soit habile et brave, mais aussi qu'il soit intègre, qu'il traite les alliés avec douceur et avec justice.

XXIII. L'homme qui réunit tous ces mérites, c'est Pompée; ses vertus civiles, aussi bien que ses talents militaires, le désignent pour commander en Asie.

XXIV. Cicéron exhorte vivement Manilius à persister dans sa proposition; pour lui, il proteste que l'intérêt seul de la république l'a engagé à appuyer la loi qui est soumise aux suffrages du peuple.

DISCOURS

POUR LA LOI MANILIA.

I. Quanquam, Quirites,
vester conspectus frequens
semper visus est mihi
multo jucundissimus
et hic locus
amplissimus ad agendum,
ornatissimus ad dicendum,
tamen non mea voluntas,
sed rationes meæ vitæ
susceptæ ab ætate ineunte
prohibuerunt me
hoc aditu laudis,
qui patuit semper
maxime cuique optimo:
nam, quum antea
nondum auderem attingere
auctoritatem hujus loci,
statueremque
oportere
nihil afferri huc
nisi perfectum ingenio,
elaboratum industria,
putavi omne meum tempus
transmittendum
temporibus amicorum.
Ita neque hic locus
unquam fuit vacuus
ab iis qui defenderent
vestram causam
et meus labor
versatus caste integreque
in periculis privatorum
consecutus est
ex vestro judicio

Quoique, Romains,
votre aspect nombreux
toujours ait paru à moi
de beaucoup le plus agréable,
et *que* ce lieu *m'ait toujours paru*
le plus vaste pour discuter,
et le plus brillant pour parler,
cependant non ma volonté,
mais le plan de ma vie
entrepris dès l'âge commençant (dès ma
a écarté moi   [jeunesse)
de cet abord (de cette carrière) de gloire,
qui fut ouvert toujours
surtout à chaque *homme* le plus vertueux :
car, tandis qu'auparavant
je n'osais pas encore atteindre
à la gravité de ce lieu,
et *que* j'arrêtais (pensais)
falloir (qu'il fallait)
rien n'être apporté ici
sinon perfectionné par le génie
et mûri par le travail,
j'ai pensé tout mon temps
devoir être transporté (appliqué)
aux circonstances (besoins) de *mes* amis.
De-cette-manière ni ce lieu
jamais n'a été vide
de ceux (d'hommes) qui défendissent
votre cause,
et mon travail
exercé avec-justice et avec-droiture
dans les dangers de particuliers
a obtenu
par votre jugement (suffrage)

ORATIO

PRO LEGE MANILIA.

I. Quanquam mihi semper frequens conspectus vester multo
jucundissimus., hic autem locus ad agendum [1] amplissimus,
ad dicendum ornatissimus est visus, Quirites, tamen hoc
aditu laudis, qui semper optimo cuique maxime patuit, non
mea me voluntas, sed meæ vitæ rationes ab ineunte ætate susceptæ prohibuerunt : nam, quum antea per ætatem nondum
hujus auctoritatem loci attingere auderem, statueremque nihil huc nisi perfectum ingenio, elaboratum industria, afferri
oportere, omne meum tempus amicorum temporibus transmittendum putavi. Ita neque hic locus vacuus unquam fuit ab iis
qui vestram causam defenderent; et meus labor, in privatorum
periculis caste integreque versatus, ex vestro judicio fructum

I. La vue de vos nombreuses assemblées, Romains, m'a toujours
été bien agréable; cette tribune m'a toujours semblé le théâtre le
plus vaste et le plus beau d'où l'on puisse parler au peuple : et pourtant
je me suis toujours tenu éloigné de cette carrière glorieuse, ouverte
de tout temps et avant tout au mérite. Ne voyez pas là un effet de
ma volonté, mais du plan de conduite que je me suis tracé dès ma
jeunesse. Jusqu'ici, c'était mon âge qui m'empêchait de m'élever
jusqu'à la majesté de ce lieu; j'étais persuadé qu'il n'y fallait paraître qu'avec un génie consommé et mûri par l'étude; j'ai donc
pensé devoir consacrer tout mon temps à secourir mes amis. Aussi,
voyant cette tribune toujours occupée par des hommes qui veillaient
à vos intérêts, je me suis voué à prêter à de simples citoyens en
péril un secours empressé et désintéressé, et vos suffrages ont ac-

est amplissimum consecutus : nam, quum propter dilatio-
nem comitiorum ter prætor primus centuriis cunctis renuntiatus sum[1], facile intellexi, Quirites, et quid de me judicaretis, et
quid aliis præscriberetis. Nunc quum et auctoritatis in me tantum sit, quantum vos honoribus mandandis esse voluistis, et
ad agendum facultatis tantum, quantum homini vigilanti ex
forensi usu prope quotidiana dicendi exercitatio potuit afferre :
certe et, si quid auctoritatis in me est, ea apud eos utar qui
eam mihi dederunt ; et, si quid etjam dicendo consequi possum, iis ostendam potissimum qui ei quoque rei fructum suo
judicio tribuendum esse censuerunt. Atque illud imprimis mihi
lætandum jure esse video, quod, in hac insolita mihi ex hoc
loco ratione dicendi, causa talis oblata est, in qua oratio
deesse nemini potest. Dicendum est enim de Cn. Pompeii

---

corde à mes travaux la plus glorieuse récompense. En effet, à cause
de la prorogation des comices, élu trois fois premier préteur par
toutes les centuries, j'ai compris, Romains, et ce que vous pensiez
de moi, et ce que vous exigiez des autres. Aujourd'hui, avec l'autorité que vous avez bien voulu me donner en me conférant ces honneurs, avec une habitude de la parole telle qu'a pu l'acquérir un
homme actif par l'usage presque journalier des luttes du barreau, je
vais user de cette autorité auprès de ceux à qui je la dois, et, si ma
faible éloquence a quelque pouvoir, je tâcherai d'en faire sentir les
effets à ceux qui ont cru devoir récompenser mes travaux par leurs
suffrages. Or, s'il est une chose dont je croie devoir particulièrement
me féliciter, c'est d'avoir à traiter, pour mon début à cette tribune,
un sujet sur lequel on ne saurait tarir. C'est, en effet, du mérite
éclatant et incomparable de Cn. Pompée que je vais avoir à parler ; en

fructum amplissimum :	le fruit le plus beau :
nam, quum	car, lorsque
propter dilationem	à-cause-de la prorogation
comitiorum	des comices
renuntiatus sum ter	j'ai été proclamé trois fois
primus prætor	premier préteur
cunctis centuriis,	par toutes les centuries,
intellexi facile, Quirites,	j'ai compris facilement, Romains,
et quid judicaretis de me,	et ce que vous jugiez de moi,
et quid præscriberetis	et ce que vous prescriviez
aliis.	aux autres.
Nunc quum	Maintenant que
et tantum auctoritatis	et autant d'autorité
sit in me	est en moi [eût)
quantum vos voluistis esse	que vous avez voulu en être (qu'il y en
mandandis honoribus,	en me confiant les honneurs,
et tantum facultatis	et autant de facilité
ad agendum	pour parler-en-public
quantum exercitatio	que l'exercice
dicendi	de parler (de la parole)
prope quotidiana	presque quotidien
potuit afferre	a pu en apporter (donner)
homini vigilanti	à un homme vigilant
ex usu forensi,	par-suite-de l'habitude du-forum,
certe,	certes,
et si quid auctoritatis	et si quelque chose de (quelque) autorité
est in me,	est en moi,
utar ea apud eos	j'userai d'elle auprès de ceux
qui dederunt eam mihi ;	qui ont donné elle à moi ;
et, si possum etiam	et, si je puis même
consequi quid dicendo,	obtenir quelque chose en parlant,
ostendam potissimum	je le montrerai surtout
iis qui censuerunt	à ceux qui ont pensé
fructum tribuendum esse	une récompense devoir être accordée
ei rei quoque	à cette chose (à ce talent) aussi
suo judicio.	par leur jugement (suffrage).
Atque video	Et je vois
illud imprimis	ceci surtout
lætandum esse mihi	devoir être accueilli-avec-joie par moi
jure, quod,	avec droit (à bon droit), que,
in hac ratione dicendi	dans cette manière de parler
insolita mihi	inaccoutumée pour moi
ex hoc loco,	de ce lieu,
talis causa oblata est	une telle cause m'est offerte
in quâ oratio	dans laquelle la parole
posset deesse nemini.	ne pourrait manquer à personne.
Dicendum est enim	En effet il me faut parler

singulari eximiaque virtute : hujus autem orationis difficilius
est exitum quam principium invenire; ita mihi non tam copia
quam modus in dicendo quærendus est.

II. Atque ut inde oratio mea proficiscatur, unde hæc omnis
causa ducitur, bellum grave et periculosum vestris vectigalibus
atque sociis a duobus potentissimis regibus infertur, Mithridate et Tigrane [1] : quorum alter relictus, alter lacessitus, occa-
sionem sibi ad occupandam Asiam [2] oblatam esse arbitratur.
Equitibus Romanis, honestissimis viris, afferuntur ex Asia
quotidie litteræ, quorum magnæ res aguntur, in vestris vectigalibus exercendis occupatæ [3]; qui ad me, pro necessitudine quæ
mihi est cum illo ordine, causam reipublicæ periculaque rerum
suarum detulerunt: Bithyniæ [4], quæ nunc vestra provincia est,

pareille matière, il est plus difficile de finir que de commencer. Je
dois donc moins penser à étendre mon discours qu'à le renfermer
dans de justes limites.

II. Et, d'abord, partons du fait qui donne lieu à toute la discus-
sion présente : une guerre terrible et pleine de dangers est déclarée
aux alliés et aux peuples tributaires de Rome par deux rois très-
puissants, Mithridate et Tigrane; l'un, que vous avez laissé pour
vaincu, l'autre, que vous avez attaqué, croient avoir trouvé une oc-
casion favorable pour s'emparer de l'Asie. Il arrive, tous les jours
des lettres de ce pays, adressées à des chevaliers romains, hommes
très-honorables, qui ont de grandes sommes engagées dans le recou-
vrement de vos impôts; les liens qui m'attachent à l'ordre équestre
les ont décidés à me confier la défense de la république et de leurs intérêts. Ces lettres leur apprennent que plusieurs bourgs de la Bithynie, qui est aujourd'hui une de vos provinces, ont été incendiés; que

de virtute singulari	du mérite singulier
eximiaque	et incomparable
Cnæi Pompeii :	de Cnéus Pompée :
est autem difficilius	or il est plus difficile
invenire exitum	de trouver la fin
quam principium	que le commencement,
hujus orationis;	de ce discours ;
ita non tam copia	ainsi non pas tant l'abondance
quam modus	que la mesure
quærendus est mihi	doit être cherchée par moi
in dicendo.	en parlant (dans ce discours).
II. Atque ut mea oratio	II. Et pour que mon discours
proficiscatur inde,	parte de là,
unde omnis hæc causa	d'où toute cette cause
ducitur,	est tirée,
bellum grave	une guerre terrible
et periculosum	et dangereuse
infertur	est intentée
vestris vectigalibus	à vos tributaires
atque sociis	et à vos alliés
a duobus regibus	par deux rois
potentissimis,	très-puissants,
Mithridate et Tigrane :	Mithridate et Tigrane :
quorum alter relictus,	dont l'un abandonné comme vaincu,
alter lacessitus,	l'autre provoqué,
arbitratur occasionem	croient une occasion
oblatam esse sibi	être offerte à eux
ad occupandam Asiam.	pour s'emparer de l'Asie.
Quotidie litteræ	Tous les jours des lettres
afferuntur ex Asia	sont apportées d'Asie
equitibus Romanis,	à des chevaliers romains,
viris honestissimis,	hommes très-honorables,
quorum magnæ res	dont de grands capitaux
aguntur,	sont mis-en-question,
occupatæ	employés
in vestris vectigalibus	à vos impôts
exercendis ;	devant être levés ;
qui, pro necessitudine	lesquels, à-cause-de la liaison
quæ est mihi	qui est à moi
cum illo ordine,	avec cet ordre,
detulerunt ad me	ont déféré à moi
causam reipublicæ	la cause de la république
et pericula suarum rerum :	et les périls (la défense) de leurs intérêts:
complures vicos	ces lettres disent plusieurs bourgs
Bithyniæ,	de la Bithynie,
quæ est nunc	qui est maintenant
provincia vestra,	une province vôtre,

1.

vicos exustos esse complures; regnum Ariobarzanis[1], quod
finitimum est vestris vectigalibus, totum esse in hostium potestate; Lucullum[2], magnis rebus gestis, ab eo bello discedere; huic qui successerit[3] non satis esse paratum ad tantum
bellum administrandum; unum ab omnibus sociis et civibus
ad id bellum imperatorem deposci atque expeti; eumdem hunc
unum ab hostibus metui, præterea neminem.

Causa quæ sit videtis; nunc quid agendum sit considerate.
Primum mihi videtur de genere belli, deinde de magnitudine,
tum de imperatore deligendo esse dicendum.

Genus est ejus belli, quod maxime vestros animos excitare
atque inflammare debet : in quo agitur populi Romani gloria,
quæ vobis a majoribus quum magna in rebus omnibus, tum
summa in re militari tradita est; agitur salus sociorum atque
amicorum, pro qua multa majores vestri magna et gravia
bella gesserunt; aguntur certissima populi Romani vectigalia

le royaume d'Ariobarzane, qui touche aux pays tributaires de Rome,
est tout entier au pouvoir des ennemis; que Lucullus, après avoir
fait de grandes choses dans ce pays, quitte la direction de cette
guerre ; que celui qui lui a succédé n'a point tout ce qu'il faut pour
conduire une si grande expédition; que les alliés et les citoyens ne
désirent, ne demandent pour général qu'un homme; que ce même
homme est le seul aussi que redoutent les ennemis, et qu'ils n'en
craignent pas d'autre.

Vous voyez quelle est la question qui vous est soumise; examinez
maintenant ce que vous avez à faire. Je crois devoir vous parler
d'abord de la nature de la guerre, puis de son importance, et enfin
du général qu'il vous faut choisir.

Cette guerre est du nombre de celles qui doivent le plus vivement
intéresser et échauffer vos cœurs : il s'agit de la gloire du peuple
romain, gloire qui vous a été transmise par vos ancêtres, éclatante
dans tous les genres, mais surtout dans les armes; il s'agit du salut
de peuples alliés et amis, pour lequel vos pères ont entrepris plusieurs
guerres importantes et dangereuses ; il s'agit des revenus les plus
sûrs et les plus considérables du peuple romain, revenus dont la

exustos esse ;
regnum Ariobarzanis,
quod est finitimum
vestris vectigalibus,
esse totum
in potestate hostium ;
Lucullum,
magnis rebus gestis,
discedere ab eo bello ;
satis non esse paratum
huic qui successerit
ad administrandum
tantum bellum ;
unum deposci atque expeti
imperatorem
ab omnibus sociis et civibus
ad id bellum ;
hunc eumdem metui unum
ab hostibus,
præterea neminem.
  Videtis quæ sit causa ;
nunc considerate
quid agendum sit.
Videtur mihi dicendum esse
primum de genere belli,
deinde de magnitudine,
tum
de imperatore deligendo.
  Genus ejus belli
est quod debet maxime
excitare atque inflammare
vestros animos :
in quo agitur
gloria populi Romani,
quæ tradita est vobis
a majoribus,
quum magna
in omnibus rebus,
tum summa in re militari ;
salus
sociorum atque amicorum
agitur,
pro qua vestri majores
gesserunt bella
magna et gravia ;
vectigalia
certissima et maxima

avoir été brûlés ;
le royaume d'Ariobarzane,
qui est voisin
de vos tributaires,
être tout entier
au pouvoir des ennemis ;
Lucullus,
de grands exploits ayant été accomplis,
se retirer de cette guerre ;
assez n'être point préparé
à celui qui lui a succédé
pour conduire
une si-grande guerre ;
un seul *homme* être demandé et être désiré
pour général
par tous les alliés et les citoyens
pour cette guerre ;
ce même *homme* être craint seul
par les ennemis,
et excepté *lui*, personne.
  Vous voyez quelle est l'affaire ;
maintenant considérez
quoi doit être fait.
Il semble à moi devoir être parlé
d'abord du genre de la guerre,
ensuite de *sa* grandeur,
puis
du général devant être choisi.
  La nature de cette guerre
est celle qui doit le plus
exciter et enflammer
vos cœurs :
dans laquelle est-en-question
la gloire du peuple romain,
laquelle a été transmise à vous
par *vos* ancêtres,
non-seulement grande
en toutes choses,
mais-aussi très-grande dans l'art mili-
le salut   [taire ;
de *vos* alliés et de *vos* amis
est-en-question,
pour lequel vos ancêtres
ont fait des guerres
grandes et terribles ;
les revenus.
les plus sûrs et les plus grands

et maxima, quibus amissis, et pacis ornamenta et subsidia belli frustra requiretis; aguntur bona multorum civium, quibus est a vobis, et ipsorum et reipublicæ causa, consulendum.

III. Et, quoniam semper appetentes gloriæ præter ceteras gente satque avidi laudis fuistis, delenda vobis est illa macula, Mithridatico bello superiore suscepta, quæ penitus jam insedit atque inveteravit in populi Romani nomine: quod is qui uno die, tota Asia, tot in civitatibus, uno nuntio atque una litterarum significatione, cives Romanos' necandos trucidandosque denotavit, non modo adhuc pœnam nullam suo dignam scelere suscepit, sed ab illo tempore annum jam tertium et vicesimum regnat; et ita regnat, ut se non Ponto neque Cappadociæ latebris occultare velit, sed emergere e patrio regno,

perte vous rendrait la paix moins honorable et la guerre moins facile; il s'agit enfin de la fortune d'un grand nombre de citoyens, à qui vous devez aide et protection, tant pour eux-mêmes que pour l'intérêt de la république.

III. Et, puisque vous avez toujours été; plus que tout autre peuple, avides de gloire et d'honneur, vous devez effacer la tache que la précédente guerre contre Mithridate a imprimée au nom romain, et qui l'a flétri d'une manière ineffaçable: cet homme, en effet, qui, en un seul jour, dans toute l'Asie, dans un si grand nombre de villes, d'un seul mot écrit de sa main, a fait égorger et massacrer tant de citoyens romains, cet homme non-seulement n'a point reçu le châtiment que méritait son crime, mais il a régné vingt-trois ans depuis son forfait, et, loin de se cacher au fond du Pont ou de la Cappadoce, il sort du royaume de ses pères, et vient au grand jour, sous les yeux de toute l'Asie, se jeter sur les peuples qui vous

populi Romani	du peuple romain
aguntur,	sont-en-question,
quibus amissis,	lesquels étant perdus,
requiretis frustra	vous rechercherez en vain
et ornamenta pacis	et les ornements de la paix
et subsidia belli ;	et les secours de la guerre ;
bona	les biens
multorum civium,	de beaucoup de citoyens,
quibus consulendum est	auxquels il doit être veillé
a vobis,	par vous,
causa et ipsorum	à cause et d'eux-mêmes
et reipublicæ,	et de la république,
aguntur.	sont-en-question.
III. Et, quoniam	III. Et, puisque
fuistis semper	vous avez été toujours
appetentes gloriæ	désireux de gloire
atque avidi laudis	et avides de renommée
præter ceteras gentes,	au delà de (plus que) les autres nations,
illa macula suscepta	cette tache reçue
superiore bello	dans la précédente guerre
Mithridatico,	de (contre)-Mithridate,
quæ insedit jam penitus	laquelle s'est imprimée déjà profondé-
atque inveteravit	et a vieilli [ment
in nomine populi Romani,	sur le nom du peuple romain,
delenda est vobis :	doit être effacée par vous :
quod is qui,	à savoir que celui qui,
una die,	en un seul jour,
tota Asia,	dans toute l'Asie,
in tot civitatibus,	dans tant de villes,
uno nuntio	par un seul message
atque una significatione	et par un seul signal
litterarum,	de lettre (donné par une lettre)
denotavit cives Romanos	a désigné les citoyens romains
necandos	devant être tués
trucidandosque,	et devant être massacrés,
non modo suscepit adhuc	non-seulement n'a reçu encore
nullam pœnam	aucun châtiment
dignam suo scelere,	digne de son crime,
sed regnat jam [num	mais règne déjà
tertium et vicesimum an-	la troisième et vingtième (vingt-troi-
ab illo tempore,	depuis ce temps-là, [sième) année
et regnat ita	et règne de-telle-sorte
ut non velit	qu'il ne veut pas
se occultare Ponto	se cacher dans le Pont
neque latebris Cappadociæ,	ni dans les retraites de la Cappadoce
sed emergere e regno patrio	mais sortir du royaume paternel
atque versari	et s'agiter

atque in vestris vectigalibus, hoc est in Asiæ luce, versari.
Etenim adhuc ita vestri cum illo rege contenderunt imperatores, ut ab illo insignia victoriæ, non victoriam reportarent.
Triumphavit L. Sylla, triumphavit L. Murena [1] de Mithridate,
duo fortissimi viri et summi imperatores ; sed ita triumpha-
runt, ut ille pulsus superatusque regnaret. Verumtamen illis
imperatoribus laus est tribuenda, quod egerunt; venia danda,
quod reliquerunt : propterea quod ab eo bello Syllam in Italiam respublica, Murenam Sylla revocavit.

IV. Mithridates autem omne reliquum tempus non ad obli-
vionem veteris belli, sed ad comparationem novi contulit: qui,
posteaquam maximas ædificasset ornassetque classes, exercitusque permagnos, quibuscumque ex gentibus potuisset, com-
parasset, et se Bosphoranis, finitimis suis, bellum inferre
simulasset, usque in Hispaniam [2] legatos Ecbatanis [5] misit ad

payent tribut. Jusqu'ici, ceux de vos généraux qui ont fait la guerre
à ce roi ont plutôt remporté les honneurs de la victoire que la victoire même. Lucius Sylla a reçu les honneurs du triomphe ; L. Muréna les a reçus; tous deux étaient des hommes courageux et de
grands capitaines ; mais, malgré leur triomphe, Mithridate repoussé,
vaincu, continuait à régner. Il faut savoir gré à ces généraux de ce
qu'ils ont fait, et les excuser s'ils ont laissé quelque chose à faire,
parce que Sylla dut quitter cette guerre, rappelé en Italie par la république, et Muréna, rappelé par Sylla.

IV. Quant à Mithridate, il a employé ce temps, non à oublier les
pertes de sa première guerre, mais à en préparer une nouvelle. Après
avoir construit et équipé des flottes considérables, après avoir levé
chez tous les peuples qu'il a pu mettre à contribution d'innombrables armées, après avoir feint de déclarer la guerre aux habitants du
Bosphore, ses voisins, il a envoyé d'Ecbatane en Espagne des am-

in vestris vectigalibus,	au-milieu de vos tributaires,
hoc est in luce Asiæ.	c'est-à-dire en pleine lumière de l'Asie.
Etenim adhuc	En effet jusqu'à-présent
vestri imperatores	vos généraux
contenderunt ita	ont lutté de-telle-sorte
cum illo rege	avec ce roi
ut reportarent ab illo	qu'ils remportassent sur lui
insignia victoriæ,	les honneurs de la victoire,
non victoriam.	mais non la victoire.
L. Sylla triumphavit,	L. Sylla a triomphé,
L. Murena triumphavit	L. Muréna a triomphé
de Mithridate,	de Mithridate,
duo viri fortissimi	tous deux hommes très-courageux
et summi imperatores;	et très-grands généraux;
sed triumpharunt ita,	mais ils ont triomphé de-telle-sorte,
ut ille pulsus superatusque	que celui-ci repoussé et vaincu
regnaret.	régnât toujours.
Verumtamen	Cependant
laus tribuenda est	une louange doit être accordée
illis imperatoribus,	à ces généraux
quod egerunt;	pour ce qu'ils ont fait;
venia danda,	un pardon doit être accordé
quod reliquerunt:	pour ce qu'ils ont laissé à faire:
propterea quod respublica	parce que la république
revocavit Syllam	a rappelé Sylla
ab eo bello	de cette guerre
in Italiam,	en Italie,
Sylla Murenam.	et Sylla a rappelé Murena.
IV. Mithridates autem	IV. Or Mithridate
contulit	a appliqué
omne tempus reliquum	tout le temps de-reste
non ad oblivionem	non à l'oubli
veteris belli,	de l'ancienne guerre,
sed ad comparationem	mais à l'organisation
novi;	d'une nouvelle;
qui, posteaquam	lequel, après que
ædificasset ornassetque	il eut construit et eut équipé
maximas classes,	de très-grandes flottes,
comparassetque	et qu'il eut rassemblé
exercitus permagnos	des armées fort-grandes
ex quibuscumque gentibus	de toutes les nations
potuisset,	qu'il avait pu,
et simulasset	et qu'il eut feint
se inferre bellum	soi déclarer la guerre
Bosphoranis, suis finitimis,	aux habitants-du-Bosphore, ses voisins,
misit legatos	envoya des ambassadeurs
Ecbatanis	d'Ecbatane

eos duces quibuscum tum bellum gerebamus, ut, quum duobus in locis disjunctissimis maximeque diversis, uno consilio,
a binis hostium copiis bellum terra marique gereretur, vos
ancipiti contentione districti de imperio dimicaretis. Sed tamen
alterius partis periculum, Sertorianæ atque Hispaniensis,
quæ multo plus firmamenti ac roboris habebat. Cn. Pompeii
divino consilio ac singulari virtute depulsum est : in altera
parte ita res a L. Lucullo, summo viro, est administrata, ut
initia illa gestarum rerum magna atque præclara non felicitati
ejus, sed virtuti, hæc autem extrema, quæ nuper acciderunt,
non culpæ, sed fortunæ tribuenda esse videantur. Sed de Lucullo dicam alio loco, et ita dicam, Quirites, ut neque vera
laus ei detracta oratione nostra neque falsa afficta esse vi-

bassadeurs aux généraux contre qui nous étions alors en guerre, afin
que, vous voyant attaqués à la fois sur terre et sur mer, dans deux
pays bien différents et bien éloignés l'un de l'autre, par deux armées
ennemies agissant de concert, gênés par cette double lutte, vous
eussiez à combattre pour le salut même de votre empire. Toutefois
une partie du danger a été dissipée par la prudence divine et la rare
valeur de Cn. Pompée : je veux parler de la guerre d'Espagne et de
Sertorius, le plus fort et le plus dangereux de beaucoup de vos ennemis ; pour l'autre guerre, elle a été dirigée de telle sorte par L. Lucullus, cet homme éminent, qu'il faut attribuer les éclatants succès
du début de l'expédition à son talent plutôt qu'à son bonheur, et les
échecs que nous avons essuyés depuis à la fortune plutôt qu'aux
fautes du général. D'ailleurs je parlerai plus tard de Lucullus, Romains, et j'en parlerai de manière à ne point paraître diminuer son
vrai mérite et à ne point y ajouter aux dépens de la vérité. Mais,

usque in Hispaniam	jusqu'en Espagne
ad eos duces	vers ces (les) généraux
cum quibus tum	avec (contre) lesquels alors
gerebamus bellum	nous faisions la guerre
ut, quum bellum	afin que, quand la guerre,
gereretur uno consilio	serait faite avec un seul plan
a binis copiis hostium,	par deux armées d'ennemis,
in duobus locis	dans deux endroits
disjunctissimis	très-éloignés *l'un de l'autre*
maximeque diversis	et très-différents,
vos districti	vous divisés
contentione ancipiti	par *cette* lutte double
dimicaretis de imperio.	vous combattissiez pour l'empire.
Sed tamen periculum	Mais cependant le danger
alterius partis,	d'un côté,
Sertorianæ	*celui* de-Sertorius
atque Hispaniensis,	et de-l'Espagne,
quæ habebat	lequel *côté* avait
multo plus firmamenti	beaucoup plus de solidité
ac roboris,	et de force,
depulsum est	a été dissipé
consilio divino	par la prudence divine
ac virtute singulari	et la bravoure extraordinaire
Cn. Pompeii :	de Cn. Pompée :
in altera parte	de l'autre côté
res administrata est	l'affaire (la guerre) a été conduite
a L. Lucullo,	par L. Lucullus,
viro summo,	homme éminent,
ita ut	de-telle-sorte que
illa initia rerum gestarum	ces débuts d'expéditions faites,
magna atque præclara	*débuts* grands et éclatants,
videantur tribuenda esse	semblent devoir être attribués
non felicitati,	non au bonheur,
sed virtuti ejus,	mais au courage de lui,
hæc autem extrema,	mais *que* ces derniers *événements,*
quæ acciderunt nuper,	qui sont arrivés depuis-peu,
non culpæ,	*semblent devoir l'être* non à *sa* faute,
sed fortunæ.	mais à la fortune.
Sed dicam de Lucullo	Mais je parlerai de Lucullus
alio loco,	dans un autre endroit,
et dicam ita,	et j'*en* parlerai de telle sorte,
Quirites,	Romains,
ut neque laus vera	que ni l'éloge vrai
videatur detracta esse ei	ne semble avoir été retranché à lui
nostra oratione,	par notre (mon) discours,
neque falsa	ni le faux
afficta esse.	*lui* avoir été ajouté.

deatur. De vestri imperii dignitate atque gloria, quoniam is est exorsus orationis meæ, videte quem vobis animum suscipiendum putetis.

V. Majores vestri sæpe, mercatoribus ac naviculatoribus injuriosius tractatis, bella gesserunt : vos, tot civium Romanorum millibus uno nuntio atque uno tempore necatis, quo tandem animo esse debetis? Legati quod erant appellati superbius[1], Corinthum patres vestri totius Græciæ lumen exstinctum esse voluerunt : vos eum regem inultum esse patiemini, qui legatum populi Romani consularem[2] vinculis ac verberibus atque omni supplicio excruciatum necavit? Illi libertatem civium Romanorum imminutam non tulerunt : vos vitam ereptam negligetis? Jus legationis verbo violatum illi persecuti sunt : vos legatum populi Romani omni supplicio interfectum inultum relinquetis? Videte ne, ut illis pulcherrimum fuit tantam vobis

puisque c'est de la dignité et de la gloire de votre empire que je me suis proposé de vous entretenir d'abord, voyez quelles doivent être vos dispositions à ce sujet.

V. Vos ancêtres ont souvent fait la guerre pour venger quelques marchands, quelques armateurs insultés ; vous, quand des milliers de citoyens romains ont été massacrés sur un seul ordre et le même jour, quels doivent être vos sentiments? Pour quelques propos insolents tenus à vos ambassadeurs, vos pères ont détruit Corinthe, la lumière de la Grèce : et vous laisseriez impuni ce roi qui, après avoir fait battre de verges, charger de chaînes et torturer de toute manière un personnage consulaire, député du peuple romain, a fini par le mettre à mort? Vos pères n'ont pu souffrir qu'on portât atteinte à la liberté des citoyens romains : et vous verriez avec indifférence qu'on leur eût ôté la vie? Ils ont tiré vengeance d'un mot qui outrageait les droits des ambassadeurs : et vous ne vengeriez pas un envoyé du peuple romain livré aux plus affreux supplices? Prenez-y garde : autant il a été beau pour eux de vous léguer un empire si glorieux,

Videte
quem animum putetis
suscipiendum vobis
de dignitate atque gloria
vestri imperii,
quoniam is est exorsus
meæ orationis.

V. Sæpe vestri majores,
mercatoribus
ac naviculatoribus
tractatis injuriosius,
gesserunt bella :
vos,
tot millibus
civium Romanorum
necatis uno nuntio
atque uno tempore,
quo animo
debetis tandem esse ?
Quod legati
appellati erant superbius,
vestri patres voluerunt
lumen totius Græciæ,
Corinthum,
exstinctum esse :
vos patiemini
eum regem esse inultum,
qui necavit
legatum populi Romani,
consularem,
excruciatum
vinculis ac verberibus
atque omni supplicio ?
Illi non tulerunt
libertatem
civium Romanorum
imminutam :
vos negligetis
vitam ereptam ?
Illi persecuti sunt
jus legationis
violatum verbo :
vos relinquetis inultum
legatum populi Romani
interfectum omni supplicio ?
Videte ne,
ut fuit pulcherrimum illis

Voyez
quelle disposition-d'esprit vous pensez
devoir être prise par vous
au-sujet-de la dignité et de la gloire
de votre empire,
puisque tel est le début
de mon discours.

V. Souvent vos ancêtres,
des marchands
et des propriétaires-de-vaisseaux
ayant été traités-trop outrageusement,
ont fait des guerres :
et vous,
tant-de milliers
de citoyens romains
ayant été tués par-suite-d'un seul message
et en un seul temps (jour),
dans quel esprit (quelle disposition)
devez-vous enfin être ?
Parce que des ambassadeurs
avaient été interpellés trop fièrement,
vos pères ont voulu
la lumière de toute la Grèce,
Corinthe,
être éteinte :
et vous, vous souffrirez
ce roi être impuni,
lequel a tué
un ambassadeur du peuple romain,
personnage consulaire,
tourmenté
par les chaînes et les coups
et par tout *genre de* supplice ?
Eux n'ont pas supporté
la liberté
des citoyens romains
être diminuée :
et vous, vous ne-tiendrez-pas-compte
de la vie enlevée *à des citoyens* ?
Eux ont poursuivi (vengé)
le droit d'ambassade
violé par une parole :
et vous, vous laisserez sans-vengeance
un ambassadenr du peuple romain
tué par tout *genre de* supplice ?
Voyez (prenez garde) que,
comme il a été très-beau pour eux

imperii gloriam relinquere, sic vobis turpissimum sit, id quod accepistis, tueri et conservare non posse. Quid, quod salus sociorum summum in periculum ac discrimen vocatur? Regno expulsus est Ariobarzanes, rex socius populi Romani atque amicus; imminent duo reges toti Asiæ, non solum vobis inimicissimi, sed etiam vestris sociis atque amicis; civitates autem omnes, cuncta Asia atque Græcia vestrum auxilium exspectare propter periculi magnitudinem coguntur: imperatorem a vobis certum deposcere, quum præsertim vos alium ' miseritis, neque audent, neque id se facere summo sine periculo posse arbitrantur. Vident et sentiunt hoc idem quòd vos, unum virum esse in quo summa sint omnia, et eum prope esse, quo etiam carent ægrius : cujus adventu ipso atque nomine, tametsi ille ad maritimum bellum venerit, tamen impetus hostium repressos

autant il serait honteux pour vous de ne pouvoir le défendre et le conserver tel que vous l'avez reçu. Que vous dirai-je du salut de vos alliés, qui courent les plus grands dangers ? Ariobarzane, roi allié et ami du peuple romain, a été chassé de son royaume; l'Asie entière est menacée par deux rois, qui ne sont pas seulement les ennemis jurés de Rome; mais ceux de vos alliés et de vos amis; toutes les villes libres, toute l'Asie, toute la Grèce, en présence d'un si grand danger, sont forcées d'attendre de vous du secours; elles n'osent pas, surtout quand vous leur avez envoyé un autre général, vous demander celui qu'elles désirent, et pensent qu'elles ne pourraient le faire sans s'exposer à des risques extrêmes. Elles voient et savent ce que vous voyez et savez vous-mêmes, qu'il n'y a qu'un homme en qui tout soit grand, que cet homme est près d'elles, ce qui rend leurs regrets plus vifs ; enfin que son arrivée et le bruit de son nom, bien qu'il ne soit venu que pour la guerre des pirates, ont suffi pour arrêter et re-

relinquere vobis	de laisser à vous
tantam gloriam imperii,	une si-grande gloire d'empire,
sic sit turpissimum vobis	ainsi il *ne* soit très-honteux pour vous
non posse tueri	de ne pouvoir défendre
et conservare	et conserver
id quod accepistis.	ce que vous avez reçu.
Quid quod salus sociorum	Que *dirai-je* de-ce-que le salut des alliés
vocatur	est appelé (jeté)
in summum periculnm	dans le plus grand danger
ac discrimen ?	et *la plus grande* crise ?
Ariobarzanes,	Ariobarzane,
rex socius atque amicus	roi allié et ami
populi Romani,	du peuple romain,
expulsus est regno ;	a été chassé de *son* royaume ;
duo reges inimicissimi	deux rois très-ennemis
non solum vobis,	non-seulement de vous,
sed etiam vestris sociis	mais aussi de vos alliés
atque amicis,	et de *vos* amis,
imminent Asiæ toti ;	menacent l'Asie tout-entière ;
omnes autem civitates,	or, toutes les villes,
cuncta Asia atque Græcia	toute l'Asie et *toute* la Grèce
coguntur exspectare	sont forcées d'attendre
vestrum auxilium,	votre secours,
propter magnitudinem	à cause de la grandeur
periculi :	du danger :
neque audent	et elles n'osent pas
deposcere a vobis	demander à vous
imperatorem certum,	un général déterminé (désigné par elles),
præsertim	surtout
quum vos miseritis alium,	quand vous *en* avez envoyé un autre,
neque arbitrantur	et elles ne pensent pas
se posse facere id	elles-mêmes pouvoir faire cela
sine summo periculo.	sans le plus grand danger.
Vident et sentiunt	Elles voient et comprennent
hoc idem quod vos,	cette même chose que vous *comprenez*,
unum virum esse,	*savoir* un seul homme être,
in quo omnia sunt summa,	dans lequel tout est très-grand,
et eum esse prope,	et celui-là être près *d'elles*,
quo etiam	par *suite de* quoi même
carent ægrius :	elles *en* sont privées avec-plus-de-regret :
adventu ipso	par l'arrivée même (seule)
atque nomine cujus,	et par le nom *seul* duquel,
tametsi ille venerit	bien qu'il soit venu
ad bellum maritimum,	pour la guerre maritime (des pirates),
intelligunt tamen	elles comprennent cependant
impetus hostium	les mouvements des ennemis
repressos esse	avoir été arrêtés

esse intelligunt ac retardatos. Hi vos, quoniam libere loqui
non licet, tacite rogant ut se quoque, sicut ceterarum provinciarum socios, dignos existimetis, quorum salutem tali viro
commendetis : atque hoc etiam magis quam ceteros, quod
ejus modi in provinciam homines cum imperio mittimus, ut,
etiamsi ab hoste defendant, tamen ipsorum adventus in urbes
sociorum non multum ab hostili expugnatione differant. Hunc
audiebant antea, nunc præsentem vident, tanta temperantia, tanta mansuetudine, tanta humanitate, ut ii beatissimi
esse videantur, apud quos ille diutissime commoratur.

VI. Quare, si propter socios, nulla ipsi injuria lacessiti,
majores vestri cum Antiocho, cum Philippo, cum Ætolis,
cum Pœnis¹ bella gesserunt, quanto vos studio convenit, injuriis provocatos, sociorum salutem una cum imperii vestri
dignitate defendere, præsertim quum de vestris maximis vecti-

tarder les progrès des ennemis. Ces peuples, qui n'osent dire librement ce qu'ils pensent, vous demandent tout bas de les regarder
comme aussi dignes que vos alliés des autres provinces de voir leur
salut confié à un si grand homme; ils le souhaitent d'autant plus,
que les magistrats que nous envoyons dans ces provinces avec un
commandement militaire peuvent bien, il est vrai, les protéger contre
l'ennemi, mais que leur arrivée dans les villes de nos alliés diffère
peu d'une prise d'assaut. Celui-ci, au contraire, ainsi qu'ils l'avaient
entendu dire jusqu'à présent et qu'ils le voient aujourd'hui, a tant
de douceur, tant de modération, tant d'humanité, qu'on regarde
comme les plus heureux les peuples qui jouissent le plus longtemps
de sa présence.

VI. Or, si vos pères, sans avoir eux-mêmes à se plaindre d'aucune
injure, ont fait la guerre pour leurs alliés à Antiochus, à Philippe,
aux Étoliens, aux Carthaginois, quel zèle ne devez-vous pas mettre,
quand vous êtes provoqués, à défendre à la fois le salut de vos alliés
et la dignité de l'empire, surtout quand il s'agit de vos revenus les

ac retardatos.
Hi, quoniam non licet
loqui libere,
rogant vos tacite
ut existimetis quoque se,
sicut socios
ceterarum provinciarum,
dignos   [lutem
quorum commendetis sa-
tali viro :
atque hoc etiam
magis quam ceteros,
quod mittimus
in provinciam
cum imperio
homines ejus modi ut,
etiamsi defendant ab hoste,
tamen adventus ipsorum
in urbes sociorum
non differant multum
ab expugnatione hostili.
Audiebant antea,
nunc vident præsentem
hunc
tanta temperantia,
tanta mansuetudine,
tanta humanitate,
ut ii apud quos
ille commoratur diutissime
videantur esse beatissimi.
  VI. Quare,
si, propter socios,
vestri majores,
ipsi lacessiti
nulla injuria,
gesserunt bella
cum Antiocho,
cum Philippo,
cum Ætolis, cum Pœnis,
quanto studio convenit
vos, provocatos injuriis,
defendere salutem
sociorum
una cum dignitate
vestri imperii ;
præsertim quum agatur
de vestris vectigalibus

et retardés.   [est-pas-permis
Ceux-ci (ces peuples), puisqu'il ne *leur*
de parler librement,
vous prient silencieusement
que vous estimiez aussi eux,
comme les alliés
des autres provinces,
dignes   [fiiez leur) salut
desquels vous confiiez le (que vous con-
à un tel homme :
et *que vous les estimiez* par cela même
plus *dignes* que les autres *de ce secours,*
que nous envoyons
dans la province *d'Asie*
avec l'autorité
des hommes de cette (telle) sorte que,
bien qu'ils *la* défendent contre l'ennemi,
cependant les arrivées d'eux-mêmes
dans les villes des alliés
ne diffèrent pas beaucoup
d'une prise-d'assaut de-l'ennemi.
Ils entendaient *citer* auparavant,
maintenant ils voient présent
celui-ci
d'une si-grande modération,
d'une si-grande douceur,
d'une si-grande humanité,
que ceux chez lesquels
il séjourne le plus longtemps
semblent être les plus heureux.
  VI. C'est-pourquoi,
si, à cause de *leurs* alliés,
vos ancêtres,
eux-mêmes *n*'étant provoqués
par aucun affront,
ont fait des guerres
avec Antiochus,
avec Philippe,
avec les Étoliens, avec les Carthaginois,
avec quelle ardeur convient-il
vous, provoqués par des affronts,
défendre le salut
de *vos* alliés
en-même temps avec (que) la dignité
de votre empire ;
surtout quand il s'agit
de vos revenus

galibus agatur? Nam ceterarum provinciarum vectigalia, Quirites, tanta sunt, ut iis ad ipsas provincias tutandas vix con-
tenti esse possimus: Asia vero tam opima est ac fertilis, ut
et ubertate agrorum, et varietate fructuum, et magnitudine
pastionis, et multitudine earum rerum quæ exportantur, facile
omnibus terris antecellat. Itaque hæc vobis provincia, Quirites,
si et belli utilitatem et pacis dignitatem retinere vultis, non
modo a calamitate, sed etiam a metu calamitatis est defen-
denda. Nam ceteris in rebus, quum venit calamitas, tum
detrimentum accipitur. At in vectigalibus non solum adventus
mali, sed etiam metus ipse affert calamitatem : nam, quum
hostium copiæ non longe absunt, etiamsi irruptio facta nulla
sit, tamen pecora relinquuntur, agricultura deseritur, merca-
torum navigatio conquiescit: ita neque ex portu, neque ex
decumis, neque ex scriptura vectigal conservari potest. Quare

plus importants? En effet, Romains, ceux que nous retirons des
autres provinces sont tels, qu'ils suffisent à peine pour nous donner
les moyens de les défendre; mais l'Asie est si riche et si fertile, que
l'on peut, et pour la fécondité de ses champs, et pour la variété de ses
productions, et pour l'étendue de ses pâturages, et pour la quantité
des objets qu'elle expose, la mettre au-dessus de tous les pays du
monde. Si donc, Romains, vous voulez conserver les moyens de faire
la guerre avec avantage et de maintenir la paix avec honneur,
écartez de cette province non-seulement le malheur, mais même la
crainte du malheur. Dans toute autre chose, en effet, on ne sent la
perte que quand le mal est venu ; mais, en fait d'impôts, ce n'est
pas seulement l'événement, c'est la crainte même qui entraîne un
désastre : quand l'ennemi est proche, alors même qu'il ne commet
aucun acte d'hostilité, on abandonne les troupeaux, on néglige l'a-
griculture, le commerce maritime est arrêté : on ne tire plus rien
ni des ports, ni des dîmes, ni du droit sur les pâturages. Ainsi sou-

maximis ?	les plus gros ?
Nam vectigalia	Car les revenus
ceterarum provinciarum,	des autres provinces,
Quirites,	Romains,
sunt tanta	sont si-*peu*-grands
ut possimus vix	que nous pouvons à peine
esse contenti iis [sas :	être contents d'eux (nous en contenter)
ad tutandas provincias ip-	pour soutenir les provinces elles mêmes.
Asia vero	mais l'Asie
est tam opima et fertilis,	est si riche et *si* fertile,
ut antecellat facile	qu'elle surpasse sans-peine
omnibus terris	tous les pays *du monde*
et ubertate agrorum,	et par la fécondité de *ses* champs,
et varietate fructuum,	et par la variété de *ses* productions,
et magnitudine pastionis,	et par l'étendue de *ses* pâturages,
et multitudine	et par la multitude
earum rerum	de ces (des) objets
quæ exportantur.	qui s'exportent.
Itaque, Quirites,	C'est-pourquoi, Romains,
hæc provincia,	cette province,
si vultis sustinere	si vous voulez maintenir
et utilitatem belli	et l'utilité de (pour) la guerre
et dignitatem pacis,	et la dignité de (pour) la paix,
defendenda est	doit être garantie
non modo a calamitate,	non-seulement du malheur,
sed etiam a metu calamita-	mais même de la crainte du malheur.
Nam in ceteris rebus, [tis.	Car dans les autres choses,
quum calamitas venit,	quand le désastre est venu,
tum detrimentum	alors la perte
accipitur.	est reçue.
At in vectigalibus,	Mais dans les impôts,
non solum adventus mali,	non-seulement l'arrivée du mal,
sed etiam metus ipse	mais aussi la crainte même
affert calamitatem :	apporte un désastre :
nam, quum copiæ hostium	car, quand les troupes des ennemis
non absunt longe,	ne sont pas loin,
etiamsi nulla irruptio	bien qu'aucune irruption
facta sit, tamen	n'ait été faite, cependant
pecora relinquuntur,	les troupeaux sont délaissés,
agricultura deseritur,	l'agriculture est abandonnée,
navigatio mercatorum	la navigation des marchands
conquiescit :	se repose (est suspendue) :
ita vectigal	ainsi un tribut
potest conservari	*ne* peut être conservé
neque ex portu,	ni d'un port,
neque ex decumis,	ni des dîmes,
neque ex scriptura.	ni de l'impôt-sur-les-pâturages.

sæpe totius anni fructus uno rumore periculi atque uno belli terrore amittitur.

Quo tandem animo esse existimatis aut eos qui vectigalia nobis pensitant, aut eos qui exercent atque exigunt, quum duo reges cum maximis copiis prope adsint; quum una excursio equitatus perbrevi tempore totius anni vectigal auferre possit; quum publicani familias maximas, quas in salinis habent, quas in agris, quas in portubus atque custodiis, magno periculo se habere arbitrentur? Putatisne vos illis rebus frui posse, nisi eos, qui vobis fructui sunt, conservaveritis non solum, ut antea dixi, calamitate, sed etiam calamitatis formidine liberatos ?

VII. Ac ne illud quidem vobis negligendum est, quod mihi ego extremum proposueram, quum essem de belli genere dicturus, quod ad multorum bona civium Romanorum pertinet;

vent le revenu de toute une année est perdu pour un seul bruit de danger, pour une seule crainte de guerre prochaine.

Dans quelles dispositions d'esprit doivent être, à votre avis, et ceux qui vous payent ces impôts, et ceux qui se chargent de les recouvrer, quand tout près d'eux ils voient deux rois avec des troupes considérables; quand une seule incursion de cavalerie peut, en un instant, enlever le revenu d'une année; quand les fermiers de l'État sont persuadés qu'ils ont tout à craindre pour ces nombreuses troupes d'esclaves qu'ils occupent dans les salines, dans les champs, dans les ports et dans tous les postes de surveillance? Pensez-vous pouvoir jouir des revenus de ces fermes, si vous ne garantissez ceux qui les administrent pour vous, non-seulement de tout malheur, mais même de toute crainte ?

VII. Vous ne devez pas même dédaigner une considération que j'avais réservée pour la dernière en vous parlant de la nature de cette guerre, savoir, qu'il s'agit de la fortune d'un bon nombre de citoyens romains, fortune dont vous devez, avec votre sagesse ordi

Quare sæpe	C'est-pourquoi souvent
fructus anni totius	le fruit (revenu) d'une année tout-entière
amittitur	se perd
uno rumore periculi	par un seul bruit de danger
atque uno terrore belli.	et une seule crainte de guerre.
Quo animo	Dans quel esprit
existimatis tandem	pensez-vous enfin
aut eos esse	ou ceux-là être
qui pensitant nobis	qui payent à nous
vectigalia,	des impôts,
aut eos	ou ceux
qui exercent atque exigunt,	qui les exploitent et les perçoivent,
quum duo reges	quand deux rois
adsint prope	sont tout-près
cum maximis copiis;	avec de très-grandes armées;
quum una excursio	quand une seule incursion
equitatus	de cavalerie
possit auferre	peut enlever
tempore perbrevi	en un temps fort-court
vectigal totius anni;	le revenu de toute une année;
quum publicani	quand les fermiers-publics
arbitrentur	pensent
se habere magno periculo	eux-mêmes avoir avec grand péril
familias maximas	les troupes-d'esclaves fort-nombreuses
quas habent in salinis,	qu'ils ont dans les salines,
quas in agris,	qu'ils ont dans les champs,
quas in portubus	qu'ils ont dans les ports
atque custodiis?	et dans les postes-militaires?
Putatisne	Pensez-vous
vos posse frui illis rebus,	vous pouvoir jouir de ces objets (revenus),
nisi conservaveritis eos	si vous ne maintenez ceux
qui sunt fructuosi vobis,	qui sont rendants-des-fruits à vous,
non solum,	non-seulement,
ut dixi antea,	comme je l'ai dit auparavant,
liberatos calamitate,	délivrés du malheur,
sed etiam formidine	mais même de la crainte
calamitatis?	du malheur?
VII. Ac ne quidem illud	VII. Et pas même ceci
negligendum est vobis,	ne doit être négligé par vous,
quod ego proposueram	que j'avais proposé
mihi	à moi-même
extremum,	comme dernière remarque,
quum dicturus essem	lorsque je serais devant parler
de genere belli,	de l'espèce de cette guerre,
quod pertinet ad bona	qui a-rapport aux (intéresse les) biens
multorum civium Roma-	de nombreux citoyens romains,
quorum, [norum,	desquels,

quorum vobis, pro vestra sapientia, Quirites, habenda est
ratio diligenter. Nam et publicani, homines et honestissimi et
ornatissimi, suas rationes et copias in illam provinciam contu-
lerunt; quorum ipsorum per se res et fortunæ curæ vobis esse
debent. Etenim, si vectigalia nervos esse reipublicæ semper du-
ximus, eum certe ordinem, qui exercet illa, firmamentum ceterorum ordinum recte esse dicemus. Deinde ceteris ex ordinibus
homines gnavi et industrii partim ipsi in Asia negotiantur, quibus vos absentibus consulere debetis, partim suas et suorum
in ea provincia pecunias magnas collocatas habent. Erit igitur
humanitatis vestræ, magnum eorum civium numerum calamitate prohibere; sapientiæ, videre multorum civium calamitatem a republica sejunctam esse non posse. Etenim illud primum parvi refert, vos publicanis amissa vectigalia postea

naire, vous préoccuper particulièrement. Les fermiers, hommes ho-
norables et fort distingués, ont transporté dans cette province tous
leurs fonds, toutes leurs ressources; ils méritent par eux-mêmes
que cette fortune vous intéresse. En effet, si nous avons toujours
regardé les revenus publics comme le nerf de l'État, nous devons
reconnaître que l'ordre chargé de les faire rentrer est le soutien des
autres ordres. D'un autre côté, d'autres citoyens, actifs et industrieux,
font le commerce en Asie : les uns s'en occupent eux-mêmes, vous
devez les protéger quoique absents; d'autres y ont placé leur fortune
et celle des leurs, et il s'agit de sommes importantes. C'est donc pour
vous une question d'humanité de préserver de tout malheur un si
grand nombre de citoyens; c'est une question de prudence de comprendre que leur ruine ne saurait être indifférente à l'État. D'abord
il importe peu qu'après avoir laissé perdre ces revenus pour vos fermiers, vous les recouvriez par la victoire; après un tel désastre, les

pro vestra sapientia,	eu-égard-à votre sagesse,
ratio habenda est vobis,	compte doit être tenu par vous,
Quirites.	Romains.
Nam et publicani,	Car d'une-part les fermiers
homines et honestissimi	hommes et très-honorables
et ornatissimi,	et très-distingués,
contulerunt suas rationes	ont transporté leurs fonds
et copias	et *leurs* ressources
in illam provinciam;	dans cette province;
quorum ipsorum	desquels *fermiers* eux-mêmes
res et fortunæ	les affaires et la fortune
debent esse curæ vobis	doivent être à souci à vous
per se.	pour elles-mêmes.
Etenim,	En effet,
si semper duximus	si toujours nous avons pensé
vectigalia	les revenus-publics
esse nervos reipublicæ,	être les nerfs de l'État,
dicemus certe	nous dirons certainement
eum ordinem	cet ordre
qui exercet illa	qui exploite ces *revenus*
esse firmamentum	être le soutien
ceterorum ordinum.	des autres ordres.
Deinde homines gnavi	D'un-autre-côté des hommes actifs
et industrii	et industrieux
ex ceteris ordinibus	des autres ordres
partim negotiantur ipsi	en partie font-le-commerce eux-mêmes
in Asia,	en Asie,
quibus absentibus	sur lesquels absents
vos debetis consulere,	vous devez veiller,
partim habent	en partie ont
magnas pecunias suas	de grandes sommes à-eux
et suorum	et des (aux)- leurs
collocatas in ea provincia.	placées dans cette province.
Erit igitur	Il sera donc
vestræ humanitatis	de votre humanité
prohibere calamitate	de préserver du malheur
magnum numerum	le grand nombre
eorum civium;	de ces citoyens;
sapientiæ videre	*il sera* de *votre* sagesse de voir
calamitatem	le malheur
multorum civium	de nombreux citoyens
non posse sejunctam esse	ne pouvoir être séparé (indifférent)
a republica.	de (pour) la république.
Etenim, primum	En effet, d'abord
illud refert parvi	cela importe peu
vos recuperare postea	vous recouvrer après cela
victoria	par la victoire

victoria recuperare : neque enim iisdem redimendi facultas
erit propter calamitatem, neque aliis voluntas propter timo-
rem. Deinde, quod nos eadem Asia atque idem iste Mithridates
initio belli Asiatici docuit, id quidem certe calamitate docti
memoria retinere debemus. Nam tum, quum in Asia res magnas permulti amiserunt, scimus Romæ, solutione impedita,
fidem concidisse : non enim possunt una in civitate multi rem
atque fortunas amittere, ut non plures secum in eamdem calamitatem trahant. A quo periculo prohibete rempublicam, et
mihi credite id quod ipsi videtis : hæc fides atque hæc ratio
pecuniarum, quæ Romæ, quæ in foro versatur, implicita est
cum illis pecuniis Asiaticis et cohæret. Ruere illa non possunt,
ut hæc non eodem labefactata motu concidant. Quare videte
num dubitandum vobis sit omni studio ad id bellum incum-

mêmes hommes ne seront plus en état de les prendre à ferme, et
d'autres ne le voudront pas, parce qu'ils auront peur. Ensuite, cette
même province d'Asie et ce même Mithridate nous ont donné, au
commencement de cette guerre, une leçon que nous ne devons pas
oublier, instruits que nous sommes par le malheur. A l'époque où
tant de citoyens perdirent en Asie des sommes considérables, nous
savons qu'à Rome, les payements s'étant trouvés entravés, le crédit
fut ébranlé; il est impossible, en effet, que, dans un pays, un grand
nombre de citoyens perdent leur fortune, sans en entraîner beaucoup
d'autres dans leur désastre. Écartez ce danger de la république, et
croyez-moi quand je vous expose ce que vous avez sous les yeux :
il existe un lien étroit entre le crédit, ce mouvement de fonds de
Rome et du forum, et les fortunes de l'Asie : l'un ne peut tomber que
le même coup n'ébranle et ne détruise l'autre. Voyez donc si vous
devez hésiter à donner toute votre attention à une guerre dans

vectigalia	les revenus
amissa publicanis :	perdus pour les fermiers :
neque enim facultas	car ni la possibilité
redimendi	de *les* racheter (prendre à ferme)
erit iisdem	*ne* sera à ces mêmes *fermiers*
propter calamitatem,	à-cause-de *leur* malheur,
neque voluntas	ni la volonté *de les racheter*
aliis	*ne sera* à d'autres
propter timorem.	à cause de la crainte.
Deinde,	Ensuite,
quod eadem Asia	ce que *cette* même Asie
atque idem iste Mithridates	et ce même Mithridate
docuit nos	ont enseigné à nous
initio belli Asiatici,	au commencement de la guerre d'-Asie,
docti calamitate	instruits par le malheur
debemus quidem certe	nous devons certes assurément
retinere id memoria.	retenir cela dans *notre* mémoire.
Nam tum,	Car à-cette-époque,
quum permulti amiserunt	où beaucoup perdirent
magnas res in Asia	de grandes fortunes en Asie
scimus,	nous savons,
solutione impedita,	le payement *des dettes* ayant été empêché,
fidem concidisse Romæ :	le crédit être tombé à Rome :
multi enim non possunt	car beaucoup *de citoyens* ne peuvent
in una civitate	dans une seule cité
amittere rem	perdre la fortune
atque fortunas,	et les biens, [entraîner)
ut non trahant	de-sorte-qu'ils n'entraînent pas (sans
plures secum	plusieurs avec eux
in eamdem calamitatem.	dans le même malheur.
Prohibete rempublicam	Préservez la république
a quo periculo,	de ce danger,
et credite mihi	et croyez-moi
id quod videtis ipsi :	*sur* ce que vous voyez vous-mêmes :
hæc fides [rum	ce crédit
atque hæc ratio pecunia-quæ versatur Romæ,	et cette circulation d'argent qui se fait à Rome,
quæ in foro	qui *se fait* dans le forum,
implicita est	sont liés
cum illis pecuniis Asiaticis	avec (à) ces fortunes de-l'-Asie
et cohæret.	et *y* tiennent.
Illa non possunt ruere,	Celles-là ne peuvent tomber,
ut hæc non concidant	de-manière-que celles-ci ne tombent pas
labefactata eodem motu.	ébranlées par le même mouvement.
Quare videte	C'est-pourquoi examinez
num dubitandum sit vobis	s'il doit y-avoir-hésitation pour vous
incumbere omni studio	à vous appliquer de tout *votre* zèle

bere, in quo gloria nominis vestri, salus sociorum, vectigalia maxima, fortunæ plurimorum civium cum republica defendantur.

VIII. Quoniam de genere belli dixi, nunc de magnitudine pauca dicam. Potest enim hoc dici : belli genus esse ita necessarium, ut sit gerendum; non esse ita magnum, ut sit pertimescendum. In quo maxime laborandum est, ne forte a vobis quæ diligentissime providenda sunt, contemnenda esse videantur.

Atque, ut omnes intelligant me L. Lucullo tantum impertiri laudis, quantum forti viro, sapientissimo homini et magno imperatori debeatur, dico ejus adventu maximas Mithridatis copias [1] omnibus rebus ornatas atque instructas fuisse; urbemque Asiæ clarissimam nobisque amicissimam Cyzicenorum obsessam esse ab ipso rege maxima multitudine, et oppugnatam vehementissime, quam L. Lucullus virtute, assidui-

laquelle il s'agit de défendre, en même temps que la république, la gloire de votre nom, le salut des alliés, vos revenus les plus importants et la fortune d'un grand nombre de citoyens.

VIII. Maintenant que j'ai parlé de la nature de cette guerre, je vais dire quelques mots de son importance; car on pourrait prétendre qu'elle est assez nécessaire pour que nous la fassions, mais qu'elle n'est pas assez grave pour que nous la craignions. Or, vous devez surtout prendre garde de considérer comme étant sans intérêt ce qui mérite le plus votre attention.

Et pour que tout le monde comprenne bien que je rends à L. Lucullus toute la justice qui est due à un citoyen courageux, à un homme plein de prudence, à un général éminent, je déclare qu'à son arrivée les troupes de Mithridate étaient parfaitement équipées et munies de tous les objets nécessaires; que la ville de Cyzique, la plus belle de l'Asie et la plus dévouée à nos intérêts, était assiégée par ce roi lui-même à la tête d'une armée considérable, et que le siége était poussé très-vivement. Par sa valeur, par son activité, par sa prudence, L. Lucullus a délivré cette place d'un danger immi-

ad id bellum,	à cette guerre,
in quo	dans laquelle
gloria vestri nominis,	la gloire de votre nom,
salus sociorum,	le salut de *vos* alliés,
vectigalia maxima,	les revenus les plus grands,
fortunæ	les biens
plurimorum civium	de très-nombreux citoyens
defendantur	sont défendus
cum republica.	avec (en même temps que) la république.
VIII. Quoniam dixi	VIII. Puisque j'ai parlé
de genere belli,	de l'espèce de *cette* guerre,
nunc dicam pauca	maintenant je dirai quelques *mots*
de magnitudine.	sur *son* importance.
Hoc enim potest dici :	Car ceci peut être dit :
genus belli	l'espèce de *cette* guerre
esse ita necessarium,	être si nécessaire,
ut gerendum sit;	qu'elle doit être faite;
non esse ita magnum,	n'être pas si importante,
ut pertimescendum sit.	qu'elle doive être redoutée.
In quo	Dans laquelle
laborandum est maxime	il doit être pris-soin surtout
ne	à-ce-que *le ; mesures*
quæ providenda sunt	qui doivent être prises-d'avance
diligentissime,	le plus soigneusement,
videantur forte	ne paraissent pas par hasard
contemnenda esse a vobis.	devoir être dédaignées par vous.
Atque,	Et,
ut omnes intelligant,	pour-que tous comprennent
me impertire tantum laudis	moi accorder autant d'éloge
L. Lucullo	à L. Lucullus
quantum debeatur	qu'il *en* est dû
viro forti	à un personnage courageux
et homini sapientissimo,	et à un homme très-prudent,
dico, adventu ejus,	je dis, à l'arrivée de lui,
copias Mithridatis	les troupes de Mithridate
fuisse maximas,	avoir été très-grandes (fortes),
ornatas atque instructas	équipées et munies
omnibus rebus;	de toutes choses ·
urbemque Cyzicenorum,	et la ville des Cyzicéniens,
clarissimam Asiæ	la plus brillante de l'Asie
amicissimamque nobis,	et la plus-amie de nous,
obsessam esse ab rege ipso	avoir été assiégée par *ce* roi lui-même
maxima multitudine	*avec* une très-grande multitude
et oppugnatam	et attaquée
vehementissime;	très-vigoureusement;
quam L. Lucullus, [silio,	laquelle L. Lucullus, [prudence,
virtute, assiduitate, con-	par sa valeur, par son activité, par sa

tate, consilio, summis obsidionis periculis liberavit; ab eodem imperatore classem magnam et ornatam, quæ ducibus Sertorianis [1] ad Italiam studio inflammato raperetur, superatam esse atque depressam; magnas hostium præterea copias multis prœliis esse deletas, patefactumque nostris legionibus esse Pontum, qui ante populo Romano ex omni aditu clausus esset; Sinopen atque Amisum, quibus in oppidis erant domicilia regis, omnibus rebus ornata atque referta, ceterasque urbes Ponti et Cappadociæ permultas uno aditu atque adventu esse captas; regem spoliatum regno patrio atque avito ad alios se reges atque ad alias gentes supplicem contulisse : atque hæc omnia salvis populi Romani sociis atque integris vectigalibus esse gesta. Satis opinor hoc esse laudis; atque ita, Quirites, ut hoc

nent. Une flotte importante et en fort bon état s'élançait avec une extrême ardeur vers l'Italie, sous la conduite de lieutenants de Sertorius; ce même Lucullus l'a battue et coulée à fond; il a taillé en pièces dans plusieurs combats des corps considérables de l'ennemi; il a ouvert à nos légions le Pont, qui avait été jusque-là, sur tous les points, fermé au peuple romain; il a pris en se montrant, et par le fait seul de sa présence, Sinope et Amise, où se trouvaient deux palais de Mithridate, remplis de richesses, ainsi que les autres villes du Pont et de la Cappadoce; le roi, dépouillé du royaume de son père et de ses aïeux, s'est réfugié en suppliant vers d'autres rois et chez d'autres peuples : et tout cela a été fait sans que les alliés du peuple romain eussent à souffrir, sans que nos revenus fussent diminués. Voilà, je crois, assez de gloire et vous reconnaîtrez, Romains

liberavit periculis summis	délivra des dangers extrêmes
obsidionis ;	du siége ;
classem magnam	une flotte considérable
et ornatam,	et *bien* équipée,
quæ raperetur	qui était entraînée
studio inflammato	par un zèle ardent
ad Italiam,	vers l'Italie,
Sertorianis	les *lieutenants* de-Sertorius
ducibus,	*étant* chefs,
superatam esse	avoir été vaincue
atque depressam	et coulée-à-fond
ab eodem imperatore ;	par ce-même général ;
præterea	en outre
magnas copias hostium	de grandes troupes des ennemis
deletas esse	avoir été détruites
multis prœliis,	en beaucoup de combats,
Pontumque,	et le Pont,
qui ante clausus esset	qui auparavant avait été fermé
ex omni aditu	par tout abord
populo Romano,	au peuple romain,
patefactum esse	avoir été ouvert
nostris legionibus ;	à nos légions ;
Sinopen atque Amisum,	Sinope et Amise,
in quibus oppidis	dans lesquelles villes
erant domicilia regis,	étaient des palais du roi,
ornata atque referta	ornés et remplis
omnibus rebus,	de toutes *sortes de* choses (richesses),
et ceteras urbes permultas	et les autres villes très-nombreuses
Ponti	du Pont
et Cappadociæ	et de la Cappadoce
captas esse	avoir été prises
uno aditu atque adventu ;	par *son* seul abord et *sa seule* arrivée ;
regem spoliatum	le roi dépouillé
regno patrio atque avito	du royaume de-son-père et de-ses-aïeux
contulisse se supplicem	s'être transporté suppliant
ad alios reges	chez d'autres rois
atque ad alias gentes :	et chez d'autres nations :
atque hæc omnia	et tout cela
gesta esse	avoir été fait
sociis populi Romani	les alliés du peuple romain
salvis	*étant* saufs
atque vectigalibus	et les impôts
integris.	*étant* intacts.
Opinor	Je pense
hoc esse satis laudis,	cela être assez de louange,
atque ita, Quirites,	et de-telle-sorte, Romains,
ut vos intelligatis hoc,	que vous compreniez ceci,

vos intelligatis, a nullo istorum qui huic obtrectant legi atque
causæ, L. Lucullum similiter ex hoc loco esse laudatum.

IX. Requiretur fortasse nunc quemadmodum, quum hæc ita
sint, reliquum possit esse magnum bellum. Cognoscite, Quirites : non enim hoc sine causa quæri videtur. Primum ex suo
regno sic Mithridates profugit, ut ex eodem Ponto Medea [1] illa
quondam profugisse dicitur; quam prædicant in fuga fratris
sui membra in iis locis, quá se parens persequeretur, dissipavisse, ut eorum collectio dispersa mœrorque patrius celeritatem persequendi retardaret. Sic Mithridates fugiens maximam
vim auri atque argenti pulcherrimarumque rerum omnium,
quas et a majoribus acceperat et ipse bello superiore ex tota
Asia direptas in suum regnum congesserat, in Ponto omnem
reliquit. Hæc dum nostri colligunt omnia diligentius, rex ipse
e manibus effugit. Ita illum in persequendi studio mœror, hos

qu'aucun de ceux qui attaquent cette loi et la cause que je défends
n'a fait, du haut de cette tribune, un pareil éloge de L. Lucullus.

IX. On demandera peut-être maintenant comment, s'il en est
ainsi, la guerre qui reste à faire offre des dangers. Apprenez-le,
Romains; car la question ne me semble pas dénuée de raison. D'a-
bord Mithridate s'est sauvé de ses États, comme on rapporte qu'autrefois la fameuse Médée s'enfuit de ce même royaume du Pont; dans
sa fuite, dit-on, elle dispersa les membres de son frère sur la route
par où son père devait la poursuivre, afin que le soin de ramasser
ces lambeaux épars et la douleur paternelle ralentissent la poursuite. Ainsi Mithridate, en fuyant, a laissé dans le Pont une énorme
quantité d'or, d'argent et d'objets de grand prix, qu'il avait reçus
de ses ancêtres, ou qu'il avait recueillis dans la guerre précédente, en
ravageant l'Asie, et qu'il avait réunis dans ses États. Tandis que
nos soldats s'emparaient avidement de tout ce butin, le roi leur a
échappé. Ainsi le père de Médée fut retardé dans sa fuite par le cha-

L. Lucullum
laudatum esse similiter
ex hoc loco
a nullo istorum
qui obtrectant huic legi
atque causæ.
IX. Requiretur
nunc fortasse
quemadmodum,
quum hæc sint ita,
bellum reliquum
possit esse magnum.
Cognoscite, Quirites :
hoc enim non videtur
quæri sine causa.
Primum Mithridates
profugit ex suo regno
sicut illa Medea
dicitur profugisse quondam
ex eodem Ponto ;
quam prædicant,
dissipavisse in fuga
membra sui fratris
in iis locis
qua parens
persequeretur se,
ut collectio eorum
dispersa
mœrorque patrius
retardaret
celeritatem persequendi.
Sic Mithridates fugiens
reliquit omnem in Ponto
maximam vim
auri atque argenti
omniumque rerum
pulcherrimarum,
quas et acceperat
a majoribus
et ipse bello superiore
congesserat
in suum regnum
direptas ex tota Asia.
Dum nostri
colligunt omnia hæc
diligentius,
rex ipse effugit e manibus.

L. Lucullus
n'avoir été loué semblablement.
de ce lieu (de cette tribune)
par aucun de ceux
qui s'opposent à cette loi
et à *cette* cause.
IX. Il sera demandé (on demandera)
maintenant peut-être
comment,
quand ces choses sont ainsi,
la guerre qui reste
peut être considérable.
Apprenez-*le*, Romains :
car cela ne semble pas
être demandé sans motif.
D'abord Mithridate
s'est enfui de son royaume
comme cette (la fameuse) Médée
est dite avoir fui jadis
de ce même Pont ;
laquelle on raconte
avoir dispersé dans *sa* fuite
les membres de son frère
dans ces (les) lieux
par où *son* père
devait poursuivre elle,
afin que le soin-de-recueillir eux
étant partagé
et le chagrin paternel
retardassent
la célérité de poursuivre (de la poursuite).
Ainsi Mithridate fuyant
laissa tout-entière dans le Pont
une très-grande quantité
d'or et d'argent
et de tous les effets
très-beaux,
que et il avait reçus
de *ses* ancêtres
et lui-même dans la guerre précédente
avait amoncelés
dans son royaume
enlevés-par-pillage de toute l'Asie.
Tandis que les-nôtres
recueillent tous ces *biens*
avec-trop-de-soin,   [mains.
le roi lui-même s'est échappé de *leurs*

lætitia retardavit. Hunc in illo timore et fuga Tigranes rex Armenius excepit, diffidentemque rebus suis confirmavit, et afflictum erexit, perditumque recreavit. Cujus in regnum posteaquam L. Lucullus cum exercitu venit, plures etiam gentes contra imperatorem nostrum concitatæ sunt : erat enim metus injectus iis nationibus, quas nunquam populus Romanus neque lacessendas bello neque tentandas putavit. Erat etiam alia gravis atque vehemens opinio, quæ per animos gentium barbararum pervaserat, fani [1] locupletissimi et religiosissimi diripiendi causa in eas oras nostrum exercitum esse adductum. Ita nationes multæ atque magnæ novo quodam terrore ac metu concitabantur. Noster autem exercitus, etsi urbem ex Tigranis regno [2] ceperat et prœliis usus erat secundis, tamen nimia longinquitate locorum ac desiderio suorum commovebatur. Hic jam plura non dicam : fuit enim illud extremum, ut ex iis locis

grin ; nos soldats l'ont été par la joie. Pendant que Mithridate fuyait épouvanté, Tigrane, roi d'Arménie, lui a offert un asile ; l'a rassuré au moment où il désespérait de sa situation, l'a relevé de son abattement, l'a consolé de ses revers. Lorsque Lucullus entra avec une armée dans le royaume de ce prince, plusieurs peuples se soulevèrent contre notre général ; car on avait effrayé les habitants de ces pays, que le peuple romain n'a jamais songé à attaquer ou à inquiéter. On avait, d'ailleurs, répandu chez ces nations barbares, un bruit odieux et alarmant : on disait que c'était pour piller un temple très-riche et très-respecté que notre armée arrivait dans ces contrées. Aussi des peuples nombreux et puissants s'agitaient, émus par ce nouveau motif de crainte. D'un autre côté, notre armée, bien qu'elle eût pris une ville dans les États de Tigrane et que la chance des combats lui eût été favorable, trouvait ces pays trop éloignés et regrettait la patrie. Je n'en dirai pas davantage ; mais, à la fin, nos

Ita mœror

Ainsi le chagrin

retardavit illum

retarda celui-là (le père de Médée)

in studio persequendi,

dans *son* ardeur de poursuivre,

lætitia hos.

la joie *retarda* ceux-ci (les Romains).

Tigranes, rex Armenius,

Tigrane, roi d'-Arménie,

excepit hunc

accueillit celui-ci (Mithridate)

in illo timore et fuga,

dans cette terreur et *cette* fuite.

confirmavitque

et rassura

diffidentem suis rebus,

lui se défiant de sa situation,

et erexit afflictum,

et releva *lui* abattu,

recreavitque perditum.

et ranima *lui* accablé.

Posteaquam L. Lucullus

Quand L. Lucullus

venit cum exercitu

vint avec une armée

in regnum cujus,

dans le royaume de celui-ci (de Tigrane),

plures gentes etiam

plusieurs nations aussi

concitatæ sunt   ⌊rem :

furent soulevées

contra nostrum imperato-

contre notre général :

metus enim injectus erat

en effet une crainte avait été inspirée

iis nationibus,

à ces nations,

quas populus Romanus

que le peuple romain

nunquam putavit

n'a jamais pensé

lacessendas bello

devoir être attaquées par la guerre

neque tentandas.

ni devoir être inquiétées.

Alia opinio

Une autre opinion

gravis atque vehemens

odieuse et terrible

erat etiam,

était aussi,

quæ pervaserat per animos

laquelle s'était-répandue dans les esprits

gentium barbararum,

de *ces* nations barbares,

nostrum exercitum

notre armée

adductum esse in eas oras

avoir été amenée dans ces contrées

causa diripiendi fani

pour piller un temple

locupletissimi

très-riche

et religiosissimi.

et très-respecté.

Ita nationes

Ainsi des nations

multæ atque magnæ

nombreuses et considérables

concitabantur

étaient soulevées

quodam terrore

par une certaine terreur

ac metu novo.

et une crainte nouvelle.

Noster autem exercitus,

Mais notre armée,

etsi ceperat urbem

quoiqu'elle eût pris une ville

ex regno Tigranis,   [dis,

du royaume de Tigrane,

et usus erat prœliis secun-

et *qu'*elle eût usé de batailles favorables,

tamen commovebatur

cependant était inquiétée

longinquitate locorum

par l'éloignement des lieux

ac desiderio suorum.

et le regret des siens.

Hic jam non dicam plura :

Ici je n'*en* dirai pas plus :

illud enim fuit extremum

car ce fut *là* la fin,

a militibus nostris reditus magis maturus quam processio longior quæreretur. Mithridates autem et suam manum jam confirmarat, et eorum qui se ex ejus regno collegerant, et magnis auxiliis multorum regum et nationum juvabatur. Hoc jam fere sic fieri solere accepimus, ut regum afflictæ fortunæ facile multorum opes alliciant ad misericordiam, maximeque eorum qui aut reges sunt aut vivunt in regno; quod regale iis nomen magnum et sanctum esse videatur. Itaque tantum victus efficere potuit, quantum incolumis nunquam est ausus optare. Nam, quum se in regnum recepisset suum, non fuit eo contentus, quod ei præter spem acciderat, ut illam, posteaquam pulsus erat, terram unquam attingeret; sed in exercitum vestrum clarum atque victorem impetum fecit. Sinite hoc loco, Quirites, sicut poetæ solent qui res Romanas scribunt,

soldats cherchaient plutôt les moyens de revenir bien vite que de pousser plus loin leurs conquêtes. Quant à Mithridate, il avait rassuré les siens, et aux troupes nouvelles qu'il tirait de ses États il joignait les troupes auxiliaires que lui envoyaient plusieurs rois et plusieurs peuples. Nous savons, en effet, que les désastres qu'éprouvent des rois excitent généralement la sympathie des autres rois, ou des peuples qui obéissent à des rois, parce que ce nom leur semble grand et respectable. Aussi Mithridate a-t-il pu faire, quoique vaincu, ce qu'il n'avait pas osé faire avant de l'être; rentré dans son royaume, il ne s'est point contenté d'avoir, contre toute espérance, revu les lieux d'où il avait été chassé, mais il s'est jeté sur votre armée victorieuse et triomphante. Ici, Romains, permettez-moi, comme le font les poëtes qui chantent les exploits de Rome, de passer sous silence notre dé-

ut reditus maturus	qu'un retour prompt
ex iis locis	de ces pays
quæreretur	était cherché
a nostris militibus [gior.	par nos soldats
magis quam processio lon-	plutôt qu'un progrès plus lointain.
Mithridates autem	Mais Mithridate
et confirmarat jam	d'un-côté avait déjà rassuré
suam manum,	son armée,
et juvabatur copiis	et était secouru par les troupes
eorum qui se collegerant	de ceux qui s'étaient réunis
ex regno ejus	de son royaume
et magnis auxiliis	et par de grandes troupes-auxiliaires
multorum regum	de beaucoup de rois
et nationum.	et de *beaucoup de* nations. [tume
Accepimus hoc jam solere	Nous avons appris cela déjà avoir-cou-
fieri fere sic,	de se passer presque-toujours ainsi,
ut fortunæ regum	que la fortune des rois
afflictæ	étant abattue
alliciant facile	attire facilement
opes multorum	les forces de beaucoup
ad misericordiam	à la pitié,
maximeque eorum	et surtout *les forces* de ceux
qui aut sunt reges,	qui ou bien sont rois,
aut vivunt in regno;	ou bien vivent dans un royaume;
quod nomen regale	parce que le nom de-roi
videatur iis	semble à eux
esse magnum et sanctum.	être grand et sacré.
Itaque victus	C'est-pourquoi vaincu
potuit efficere tantum	il a pu faire autant
quantum incolumis	qu'*étant* sain-et-sauf
nunquam ausus est optare.	jamais il n'a osé souhaiter.
Nam, quum se recepisset	Car, lorsqu'il se fut retiré
in suum regnum,	dans son royaume,
non fuit contentus	il ne fut pas content
eo quod acciderat ei	de ce qui était arrivé à lui
præter spem,	contre son espérance,
ut attingeret unquam	*à savoir* qu'il touchât jamais
illam terram,	cette terre,
posteaquam pulsus erat	après qu'il *en* avait été chassé;
sed fecit impetum	mais il fit une attaque
in vestrum exercitum	contre votre armée
clarum atque victorem	brillante et triomphante.
Sinite, Quirites,	Permettez, Romains,
hoc loco,	en cet endroit,
sicut solent poetæ	comme ont-coutume *de faire* les poëtes
qui scribunt res Romanas,	qui écrivent les faits (l'histoire) de-Rome,
me præterire	moi passer-sous-silence

præterire me nostram calamitatem [1] ; quæ tanta fuit, ut eam
ad aures L. Luculli non ex prœlio nuntius, sed ex sermone
rumor afferret. Hic, in ipso illo malo gravissimaque belli offensione, L. Lucullus, qui tamen aliqua ex parte iis incommodis mederi fortasse potuisset, vestro jussu coactus, quod imperii diuturnitati modum statuendum veteri exemplo putavistis,
partem militum, qui jam stipendiis confectis erant, dimisit,
partem Glabrioni tradidit. Multa prætereo consulto, sed ea
vos conjectura perspicitis quantum illud bellum factum putetis, quod conjungant reges potentissimi, renovent agitatæ nationes, suscipiant integræ gentes, novus imperator vester
accipiat, vetere pulso exercitu.

X. Satis mihi multa verba fecisse videor, quare hoc bellum
esset genere ipso necessarium, magnitudine periculosum. Restat ut de imperatore ad id bellum deligendo ac tantis rebus
præficiendo dicendum esse videatur.

sastre ; il a été tel que ce n'est point un messager échappé de la bataille, mais la voix publique qui l'a appris à L. Lucullus. Au moment même de cet affreux événement et du plus épouvantable échec,
L. Lucullus, qui peut-être eût été capable de remédier à de si grands
malheurs, fut rappelé par vous, parce qu'à l'exemple de nos pères
vous crûtes devoir mettre un terme à la durée de son commandement ; il se vit donc forcé de congédier une partie de ses soldats, qui
avaient fait leur temps de service, et laissa l'autre partie à Glabrion.
Je supprime à dessein bien des faits ; mais vous voyez sans peine
combien est devenue grave une guerre où deux rois très-puissants
unissent leurs forces, où des nations soulevées recommencent la
lutte, où des peuples qui n'ont point encore combattu courent
aux armes, enfin où un nouveau général va prendre la conduite de
l'ancienne armée après le revers qn'elle a essuyé.

X. Je crois avoir suffisamment démontré pourquoi cette guerre est
nécessaire par sa nature, pourquoi elle est dangereuse par son importance. Il me reste à parler du général qu'il faut choisir pour la
diriger, du chef que vous devez mettre à la tête d'une telle expédition.

nostram calamitatem ;
quæ fuit tanta,
ut non nuntius ex prœlio,
sed rumor ex sermone
afferret eam
ad aures L. Luculli.
Hic in illo malo ipso
et offensione gravissima
belli,
L. Lucullus,
qui tamen
potuisset fortasse
mederi iis incommodis
ex aliqua parte,
coactus vestro jussu
quod putavistis
veteri exemplo
modum statuendum
diuturnitati imperii,
dimisit partem militum,
qui jam
erant stipendiis confectis,
tradidit partem Glabrioni.
Prætereo multa consulto,
sed vos perspicitis
ea conjectura
quantum putetis
illud bellum factum,
quod reges potentissimi
conjungant,
nationes agitatæ renovent,
gentes integræ suscipiant,
vester novus imperator
accipiat,
vetere exercitu pulso.
    X. Videor mihi
fecisse verba satis multa,
quare hoc bellum
esset necessarium
genere ipso,
periculosum magnitudine,
Restat
ut videatur dicendum esse
de imperatore
deligendo ad id bellum
ac præficiendo
tantis rebus.

notre désastre ;
lequel fut si-grand,
que non pas un messager du combat,
mais la rumeur par la voix publique
apporta ce *désastre*
aux oreilles de L. Lucullus.
Alors au-moment-de ce mal même
et de l'échec le plus grave
de la guerre,
L. Lucullus,
qui pourtant
aurait pu peut-être
remédier à ces malheurs
par quelque côté,
forcé par votre ordre,
parce que vous pensâtes
d'après l'antique exemple
une borne devoir être mise
à la durée du commandement,
congédia une partie de *ses* soldats,
qui déjà   [fini leur temps),
étaient *leur* service étant achevé (avaient
et en livra une partie à Glabrion.
Je passe beaucoup *de faits* à-dessein,
mais vous voyez-clairement
par cette réflexion
combien-grande vous pensez
cette guerre *être* devenue,
que *deux* rois très-puissants
réunissent (font de concert),
que des nations agitées recommencent,
que des peuples nouveaux entreprennent,
que votre nouveau général
reçoit (se voit confier),
l'ancienne armée ayant été battue.
    X. Je parais à moi-même (il me semble)
avoir dit des paroles assez nombreuses
pour démontrer pourquoi cette guerre
est nécessaire
par *sa* nature même,
dangereuse par *son* importance.
Il reste
qu'il paraisse devoir être parlé
du général
devant être choisi pour cette guerre
et devant être mis-à-la-tête
de si-grandes opérations.

Utinam, Quirites, virorum fortium atque innocentium co-
piam tantam haberetis, ut hæc vobis deliberatio difficilis esset,
quemnam potissimum tantis rebus ac tanto bello præficiendum
putaretis! Nunc vero quum sit unus Cn. Pompeius qui non
modo eorum hominum, qui nunc sunt, gloriam, sed etiam an-
tiquitatis memoriam virtute superarit, quæ res est quæ cujusquam animum in hac causa dubium facere possit? Ego enim
sic existimo, in summo imperatore quatuor has res inesse oportere : scientiam rei militaris, virtutem, auctoritatem, felicita-
tem. Quis igitur hoc homine scientior unquam aut fuit, aut
esse debuit, qui, e ludo atque pueritiæ disciplina, bello maximo [1] atque acerrimis hostibus, ad patris exercitum atque in
militiæ disciplinam profectus est; qui extrema pueritia miles
fuit summi imperatoris [2], ineunte adolescentia maximi ipse
exercitus imperator; qui sæpius cum hoste conflixit quam

Plût aux dieux, Romains, que vous eussiez un assez grand nombre
d'hommes courageux et intègres, pour qu'il vous fût difficile de
choisir celui qu'il faudrait charger d'une guerre si considérable !
Mais, comme il n'y a aujourd'hui que Cn. Pompée dont la gloire
efface non-seulement celle des hommes de notre époque, mais même
celle de tous les héros de l'antiquité, quels pourraient être, en cette
circonstance, les motifs de votre incertitude ? Pour ma part, j'estime
qu'un grand général doit avoir quatre qualités : la connaissance de
l'art militaire, le courage, la réputation et le bonheur. Or, qui
fut jamais, qui dut jamais être plus habile qu'un homme qui, à peine
sorti de l'enfance et des premiers exercices, partit pour l'armée que
commandait son père, et fit son apprentissage du métier des armes
dans une guerre terrible et contre les ennemis les plus redoutables;
qui, encore enfant, fut soldat sous un général consommé, et se vit, au
début de l'adolescence, général d'une armée considérable; qui a livré
plus de batailles aux ennemis de son pays que d'autres n'ont eu de

Utinam, Quirites,	Plût-aux-dieux, Romains,
haberetis tantam copiam	que vous eussiez une telle quantité
virorum fortium	d'hommes courageux
atque innocentium,	et intègres,
ut hæc deliberatio	que cette délibération
esset difficilis vobis,	fût difficile pour vous,
quemnam potissimum	*savoir* lequel de-préférence
putaretis præficiendum	vous penseriez devoir être mis-à-la-tête
tantis rebus	de si-grandes opérations
ac tanto bello!	et d'une si-grande guerre!
Nunc vero	Mais maintenant
quum Cn. Pompeius	comme Cn. Pompée
sit unus	est le seul
qui superarit virtute	qui ait surpassé par son mérite
non modo gloriam	non-seulement la gloire
eorum hominum	de ces hommes
qui sunt nunc,	qui existent maintenant,
sed etiam	mais encore
memoriam antiquitatis,	la mémoire de l'antiquité,
quæ est res	quel est le motif
quæ possit facere dubium	qui puisse rendre hésitant
animum cujusquam	l'esprit de qui-que-ce-soit
in hac causa?	dans cette affaire?
Ego enim existimo sic,	Car moi je pense ainsi,
oportere has quatuor res	falloir (qu'il faut) ces quatre qualités
inesse in summo imperato-	être-dans un grand général:
scientiam rei militaris, [re:	la connaissance de l'art militaire,
virtutem, auctoritatem,	la valeur, l'autorité,
felicitatem.	le bonheur.
Quis igitur aut fuit unquam	Qui donc ou fut jamais
aut debuit esse scientior	ou dut être plus savant
hoc homine?	que cet homme?
qui e ludo	qui au-sortir-de l'école
et disciplina pueritiæ	et de l'éducation de l'enfance
profectus est	partit
ad exercitum patris	pour l'armée de *son* père
atque in disciplinam	et pour l'apprentissage
militiæ,	du service-militaire,
bello maximo	la guerre *étant* très-grande
atque hostibus acerrimis;	et les ennemis très-rudes;
qui, extrema pueritia,	qui, à-la-fin-de *son* enfance,
fuit miles	a été soldat
summi imperatoris;	du plus grand général;
adolescentia ineunte,	*qui,* sa jeunesse commençant,
ipse imperator	*a été* lui-même général
maximi exercitus;	d'une très-grande armée;
qui conflixit cum hoste	qui a combattu avec l'ennemi-de-l'État

quisquam cum inimico concertavit, plura bella gessit quam
ceteri legerunt, plures provincias confecit quam alii concupi-
verunt; cujus adolescentia ad scientiam rei militaris non alienis
præceptis, sed suis imperiis, non offensionibus belli, sed vic-
toriis, non stipendiis, sed triumphis est erudita? Quod denique genus belli esse potest, in quo illum non exercuerit fortuna
reipublicæ? Civile, Africanum, Transalpinum, Hispaniense,
mixtum ex civitatibus atque ex bellicosissimis nationibus, ser-
vile, navale bellum [1], varia et diversa genera et bellorum et
hostium, non solum gesta ab hoc uno, sed etiam confecta,
nullam rem esse declarant in usu militari positam, quæ hujus
viri scientiam fugere possit.

XI. Jam vero virtuti Cn. Pompeii quæ potest par oratio in-
veniri? Quid est quod quisquam aut illo dignum, aut vobis
novum, aut cuiquam inauditum possit afferre? Neque enim
illæ sunt solæ virtutes imperatoriæ, quæ vulgo existimantur,

luttes à soutenir contre des ennemis particuliers ; qui à fait plus de
guerres que les autres n'en ont lu ; qui a ajouté à l'empire plus de provinces que les autres n'ont souhaité d'en gouverner ; dont la jeunesse
a été formée dans l'art militaire, non par les leçons d'autrui, mais
par l'expérience du commandement, non par des échecs, mais par
des victoires, non par des années de service, mais par des triomphes?
Est-il un seul genre de guerre où la fortune de la république n'ait
exercé ses talents? Guerre civile, guerre d'Afrique, guerre au delà
des Alpes, guerre d'Espagne, guerre contre les États et les peuples
les plus belliqueux ligués ensemble, guerre contre les esclaves,
guerre maritime ; tant d'expéditions contre tant d'ennemis, non-seulement dirigées, mais achevées par lui seul, prouvent assez qu'il
n'est point d'opération militaire qui soit au-dessus de son talent.

XI. Quels éloges pourraient égaler la valeur de Cn. Pompée? Que
pourrait-on vous dire qui fût digne de lui, ou nouveau pour vous,
ou inconnu à personne? Les qualités d'un général ne sont pas seule-

sæpius quam quisquam concertavit	plus souvent que qui-que-ce-soit ne s'est disputé
cum inimico,	avec un ennemi-particulier,
gessit plura bella	*qui* a fait plus-de guerres
quam ceteri legerunt,	que tous-les-autres n'*en* ont lu,
confecit plures provincias	*qui* a achevé plus-de provinces
quam alii concupiverunt;	que d'autres n'en ont souhaité;
cujus adolescentia	dont l'adolescence
erudita est	a été formée
ad scientiam rei militaris	à la connaissance de l'art militaire
non præceptis alienis,	non par les leçons d'-autrui,
sed suis imperiis,	mais par ses *propres* commandements,
non offensionibus belli,	non par des échecs de guerre,
sed victoriis,	mais par des victoires.
non stipendiis,	non par des années-de-service,
sed triumphis?	mais par des triomphes?
Denique quod genus belli potest esse,	Enfin quel genre de guerre peut être,
in quo fortuna reipublicæ non exercuerit illum?	dans lequel la fortune de la république n'ait pas exercé lui?
Bellum civile, Africanum,	La guerre civile, la *guerre* d'-Afrique,
Transalpinum,	la *guerre* transalpine,
Hispaniense,	la *guerre* d'-Espagne,
mixtum ex civitatibus et nationibus	mêlée de (formée par la ligue de) villes et de nations
bellicosissimis,	très-belliqueuses,
servile, navale,	la *guerre* des-esclaves, la *guerre* navale,
genera varia et diversa	des espèces variées et diverses
et bellorum et hostium,	et de guerres et d'ennemis,
non solum gesta	non-seulement conduites
ab hoc uno,	par celui-ci seul,
sed etiam confecta,	mais aussi achevées *par lui*,
declarant	prouvent
nullam rem esse,	aucune chose n'être, [militaire,
positam in usu militari,	(placée dans) dépendant de l'expérience
quæ possit fugere	qui puisse échapper
scientiam hujus viri.	à la science de cet homme.
XI. Jam vero	XI. Mais d'ailleurs
quæ oratio potest inveniri par virtuti Cn. Pompeii?	quel langage peut être trouvé égal au mérite de Cn. Pompée?
Quid est quod quisquam possit afferre	Qu'y a-t-il que qui-que-ce-soit puisse apporter (dire)
aut dignum illo,	ou digne de lui,
aut novum vobis,	ou nouveau pour vous,
aut inauditum cuiquam?	ou inconnu à quelqu'un?
Illæ enim virtutes	En effet ces vertus
imperatoriæ,	d'un-général,

labor in negotio, fortitudo in periculis, industria in agendo, celeritas in conficiendo, consilium in providendo : quæ tanta sunt in hoc uno, quanta in omnibus reliquis imperatoribus, quos aut vidimus aut audivimus, non fuerunt. Testis est Italia, quam ille ipse victor L. Sylla hujus virtute et subsidio confessus est liberatam ; testis est Sicilia [1], quam multis undique cinctam periculis, non terrore belli, sed celeritate consilii explicavit ; testis est Africa, quæ, magnis oppressa hostium copiis, eorum ipsorum sanguine redundavit ; testis est Gallia, per quam legionibus nostris in Hispaniam iter Gallorum internecione patefactum est ; testis est Hispania, quæ sæpissime plurimos hostes ab hoc superatos prostratosque conspexit ; testis est iterum et sæpius Italia, quæ, quum servili bello tetro periculosoque premeretur, ab hoc auxilium absente

---

ment, comme on le croit d'ordinaire, la constance au milieu des fatigues, le courage dans les dangers, l'activité dans les opérations, la promptitude dans l'exécution, la prévoyance dans les mesures à prendre ; ces qualités, Pompée les possède à un plus haut degré qu'aucun des généraux que nous avons vus à l'œuvre ou dont nous avons entendu parler. Témoin l'Italie, qui, de l'aveu de Sylla lui-même après sa victoire, a dû son salut à la valeur et au secours de Pompée ; témoin la Sicile, qui, menacée de toutes parts, s'est vu délivrer non par la terreur de ses armes, mais par la rapidité de ses opérations ; témoin l'Afrique, qui, opprimée par des ennemis nombreux, a vu leur sang inonder son sol ; témoin la Gaule, à travers laquelle nos légions se sont ouvert un chemin vers l'Espagne en exterminant les Gaulois ; témoin l'Espagne, qui a vu tant de fois d'innombrables ennemis vaincus et écrasés par lui ; témoin une seconde fois et d'autres encore l'Italie, qui, menacée d'une guerre d'esclaves, guerre odieuse et redoutable, a demandé du secours à Pompée absent,

quæ vulgo existimantur,	qui vulgairement sont crues *être les seules*,
non sunt solæ,	ne sont pas les seules,
labor in negotio,	le courage dans le travail,
fortitudo in periculis,	la valeur dans les périls,
industria in agendo,	l'activité en opérant,
celeritas in conficiendo,	la promptitude en achevant,
consilium in providendo,	la prudence en prévoyant,
quæ sunt in hoc uno	lesquelles sont en celui-ci seul
tanta quanta non fuerunt	aussi-grandes qu'elles n'ont point été
in omnibus reliquis impera-	dans tous les autres généraux,
quos aut vidimus [toribus,	que ou nous avons vus
aut audivimus.	ou nous avons entendu *citer*.
Italia est testis,	L'Italie *en* est témoin,
quam ille victor ipse,	laquelle ce vainqueur lui-même,
L. Sylla,	L. Sylla,
confessus est	a reconnue
liberatam virtute	*avoir été* délivrée par le talent
et subsidio hujus ;	et le secours de celui-ci ;
Sicilia est testis,	la Sicile *en* est témoin,
quam explicavit,	laquelle il a débarrassée (délivrée)
non terrore belli,	non par la terreur de la guerre,
sed celeritate consilii,	mais par la rapidité de la résolution,
cinctam undique	entourée de toutes parts
multis periculis ;	de beaucoup-de périls ;
Africa est testis,	l'Afrique *en* est témoin,
quæ, oppressa	laquelle, accablée
magnis copiis hostium,	par de grandes troupes d'ennemis,
redundavit sanguine	a regorgé du sang
eorum ipsorum ;	de ces *ennemis* mêmes ;
Gallia est testis,	la Gaule *en* est témoin,
per quam	à travers laquelle
iter in Hispaniam	un chemin vers l'Espagne
patefactum est	a été ouvert
nostris legionibus	à nos légions
internecione Gallorum ;	par le massacre des Gaulois,
Hispania est testis,	l'Espagne *en* est témoin,
quæ conspexit sæpissime	laquelle a vu très-souvent
plurimos hostes	de très-nombreux ennemis
superatos prostratosque	vaincus et terrassés
ab hoc ;	par celui-ci ;
Italia est testis	l'Italie *en* est témoin
iterum et sæpius,	une-seconde-fois et plus souvent *encore*,
quæ, quum premeretur	laquelle, comme elle était accablée
bello servili	par une guerre d'-esclaves
tetro periculosoque,	odieuse et dangereuse,
petivit auxilium	demanda secours
ab hoc absente	à celui-ci absent

expetivit (quod bellum exspectatione Pompeii attenuatum
atque imminutum est, adventu sublatum ac sepultum); testes
vero jam omnes oræ atque omnes exteræ gentes ac nationes;
denique maria omnia, tum universa, tum in singulis omnes
sinus atque portus. Quis enim toto mari locus per hos annos
aut tam firmum habuit præsidium ut tutus esset, aut tam fuit
abditus ut lateret? Quis navigavit, qui non se aut mortis aut
servitutis periculo committeret, quum aut hieme aut referto
prædonum mari navigaret? Hoc tantum bellum, tam turpe,
tam vetus, tam late divisum atque dispersum, quis unquam
arbitraretur aut ab omnibus imperatoribus uno anno, aut omnibus annis ab uno imperatore, confici posse? Quam provinciam tenuistis a prædonibus liberam per hosce annos? Quod
vectigal vobis tutum fuit? Quem socium defendistis? Cui præ-
sidio classibus vestris fuistis? Quam multas existimatis insu-

et qui a vu cette guerre, déjà diminuée et amoindrie par l'attente de
ce général, achevée et éteinte par son arrivée; témoin tous les pays
du monde, tous les peuples, toutes les nations étrangères, enfin
l'Océan entier, les golfes et les ports de toutes les mers. Y a-t-il eu,
en effet, sur la surface des mers, dans ces dernières années, un seul
lieu qui ait été assez bien défendu pour être en sûreté, ou assez éloigné pour être à l'abri? Quel homme s'est embarqué sans s'exposer à
la mort ou à l'esclavage, quand il avait à craindre ou la tempête ou
les pirates qui couvraient les mers? Cette guerre si grave, si hon-
teuse, si ancienne déjà, qui se divisait et s'étendait si loin, qui eût
jamais pensé qu'elle pût être mise à fin par tous nos généraux en une
seule année, ou par un seul général au bout de longues années?
Quelle province avez-vous protégée, dans ces derniers temps, contre
les attaques des corsaires? Sur quel revenu avez-vous pu compter?
Quel peuple allié avez-vous défendu? A qui vos flottes ont-elles porté

(quod bellum | (laquelle guerre
attenuatum est | fut affaiblie
atque imminutum | et diminuée
exspectatione Pompeii, | par l'attente de Pompée,
sublatum ac sepultum | *et fut* enlevée et ensevelie (*éteinte*)
adventu); | par *son* arrivée);
jam vero omnes oræ | mais de plus toutes les contrées
atque omnes gentes | et tous les peuples
ac nationes exteræ | et *toutes* les nations étrangères
testes; | *en sont* témoins;
denique omnia maria, | enfin toutes les mers,
tum universa, | tant dans-leur-ensemble,
tum in singulis | que dans chacune
omnes sinus atque portus. | tous les golfes et les ports.
Quis enim locus | En effet quel lieu
mari toto, | sur la mer tout-entière,
per hos annos, | pendant ces *dernières* années,
aut habuit præsidium | ou eut une défense
tam firmum ut esset tutus, | assez forte pour qu'il fût sûr,
aut fuit tam abditus | ou fut assez éloigné
ut lateret? | pour qu'il fût ignoré?
Quis navigavit, | Qui a navigué,
qui non committeret se | qui ne livrât lui-même
periculo | au danger
aut mortis aut servitutis, | ou de la mort ou de la servitude,
quum navigaret | quand il naviguait
aut hieme, aut mari | ou par la tempête, ou *sur* une mer
referto prædonum? | remplie de pirates?
Quis unquam arbitraretur | Qui jamais eût pensé
hoc bellum tantum, | cette guerre si-grande,
tam turpe, tam vetus, | si honteuse, si ancienne,
divisum atque dispersum | divisée et répandue
tam late, | si au loin,
posse confici | pouvoir être achevée
aut ab omnibus imperato- | ou par tous les généraux
uno anno,   [ribus | *en* une seule année,
aut omnibus annis | ou en toutes les années
ab uno imperatore? | par un seul général?
Quam provinciam | Quelle province
tenuistis liberam | avez-vous conservée libre
a prædonibus | des pirates
per hosce annos? | pendant ces *dernières* années?
Quod vectigal | Quel impôt
fuit tutum vobis? | a été assuré *pour* vous?
Quem socium defendistis? | Quel allié avez-vous défendu?
Cui fuistis præsidio | A qui avez-vous été à secours
vestris classibus? | par vos flottes?

las esse desertas? Quam multas aut metu relictas, aut a prædonibus captas urbes esse sociorum?

XII. Sed quid ego longinqua commemoro? Fuit hoc quondam, fuit proprium populi Romani longe a domo bellare, et
propugnaculis imperii sociorum fortunas, non sua tecta defendere. Sociis ego vestris mare clausum per hosce annos dicam
fuisse, quum exercitus nostri Brundisio nunquam nisi summa
hieme transmiserint? Qui ad vos ab exteris nationibus veni-
rent, captos querar, quum legati¹ populi Romani redempti
sint? Mercatoribus tutum mare non fuisse dicam, quum duo-
decim secures in prædonum potestatem pervenerint? Cnidum,
aut Colophonem, aut Samum², nobilissimas urbes, innumera-
bilesque alias, captas esse commemorem, quum vestros portus,
atque eos portus, quibus vitam et spiritum ducitis, in prædo-

secours? Combien pensez-vous qu'il y ait eu d'îles abandonnées?
Combien de villes alliées désertées par crainte des pirates, ou prises
par eux?

XII. Mais à quoi bon vous parler de faits qui se sont passés loin
de nous? Ce fut jadis, ce fut la gloire du peuple romain de faire la
guerre loin de Rome et de protéger de ses armes, non ses propres
foyers, mais ceux de ses alliés. Vous dirai-je que, pendant ces dernières années, la mer fut fermée à vos alliés, quand nos armées ne
partaient elles-mêmes de Brindes qu'en plein hiver? Me plaindrai-je
que des ambassadeurs de nations étrangères aient été pris en venant
vers vous, quand ceux du peuple romain ont dû être rachetés? Dirai-je
que la mer n'était point sûre pour les marchands, quand douze fais-
ceaux sont tombés entre les mains des pirates? Rappellerai-je que
Cnide, que Colophon, que Samos, cités fameuses, que tant d'autres
villes encore ont reçu leur joug, quand vous savez que vos ports, et
des ports d'où vous tirez la subsistance et la vie, l'ont subi égale-

Quam multas existimatis	Combien nombreuses pensez-vous
insulas desertas esse?	des îles avoir été abandonnées?
Quam multas	Combien nombreuses
urbes sociorum	des villes de *nos* alliés
aut relictas esse metu	ou avoir été désertées par crainte
aut captas a prædonibus?	ou *avoir été* prises par les pirates?
XII. Sed quid ego	XII. Mais pourquoi moi
commemoro longinqua?	rappelé je des *faits* lointains?
Hoc fuit quondam,	Ce fut jadis,
fuit proprium	ce fut le propre
populi Romani	du peuple romain
bellare longe a domo,	de faire-la-guerre loin de la patrie,
et defendere	et de protéger
propugnaculis imperii	par les remparts de l'empire
fortunas sociorum,	la fortune de *ses* alliés,
non sua tecta.	non ses *propres* demeures.
Ego dicam	Moi dirai-je
mare clausum fuisse	la mer avoir été fermée
per hosce annos	pendant ces *dernières* années
vestris sociis,	à vos alliés,
quum nostri exercitus	quand nos armées
nunquam transmiserint	jamais n'ont fait-la-traversée
a Brundisio,	de Brindes,
nisi summa hieme?	si-ce-n'est au-fort-de l'hiver?
Querar	Me plaindrai-je
qui venirent ad vos	*ceux* qui venaient vers vous
ab nationibus exteris	des nations étrangères
captos,	*avoir été* pris,
quum legati populi Romani	quand des députés du peuple romain
redempti sint?	ont été rachetés?
Dicam	Dirai-je
mare non fuisse tutum	la mer n'avoir pas été sûre
mercatoribus,	pour les marchands,
quum duodecim secures	quand douze haches (faisceaux)
pervenerint	sont arrivés (tombés)
in potestatem hostium?	au pouvoir des ennemis?
Commemorem Cnidum,	Rappellerai-je Cnide,
aut Colophonem,	ou Colophon,
aut Samum,	ou Samos,
urbes nobilissimas,	villes très-célèbres,
aliasque innumerabiles	et d'autres innombrables
captas esse,	avoir été prises,
quum sciatis	quand vous savez
vestros portus,	vos ports,
et eos portus,	et ces ports,
quibus ducitis	desquels vous tirez
vitam et spiritum,	la vie et le souffle (la subsistance),

num fuisse potestate sciatis? An vero ignoratis portum Caietæ[1], celeberrimum atque plenissimum navium, inspectante
prætore[2], a prædonibus esse direptum; ex Miseno autem ejus
ipsius liberos, qui cum prædonibus antea ibi bellum gesserat, a
prædonibus esse sublatos? Nam quid ego Ostiense incommo-
dum, atque illam labem atque ignominiam reipublicæ querar,
quum, prope inspectantibus vobis, classis ea, cui consul populi Romani præpositus esset, a prædonibus capta atque oppressa est? Proh dii immortales! tantamne unius hominis incredibilis ac divina virtus tam brevi tempore lucem afferre
reipublicæ potuit, ut vos, qui modo ante ostium Tiberinum
classem hostium videbatis, ii nunc nullam intra Oceani ostium
prædonum navem esse audiatis?

Atque hæc qua celeritate gesta sint quanquam videtis, tamen a me in dicendo prætereunda non sunt. Quis enim un-

ment? Ignorez-vous que le port de Caïète, si fréquenté, si rempli de
navires, a été pillé par eux, sous les yeux d'un préteur; qu'à Mi-
sène les enfants de celui-là même qui leur avait fait la guerre
précédemment ont été enlevés? Pourquoi pleurer sur le désastre
d'Ostie, sur cette tache, sur cette honte imprimée au nom romain,
quand, presque sous vos yeux, une flotte commandée par un consul
romain fut prise et coulée à fond par ces brigands? Dieux immortels! se peut-il que la valeur incroyable et divine d'un seul homme
ait su, en si peu de temps, jeter un tel éclat sur la république, que
vous, qui naguère voyiez la flotte ennemie à l'embouchure du Tibre,
vous n'entendiez plus dire maintenant qu'un seul vaisseau de pirate
se soit montré sur l'Océan?

Bien que vous sachiez avec quelle rapidité tous ces exploits ont été
accomplis, cependant je ne puis me dispenser d'en parler. Est-il un

fuisse in potestate	avoir été au pouvoir
prædonum?	des pirates?
An vero ignoratis	Mais ignorez-vous
portum Caietæ,	le port de Caiète
celeberrimum	très-fréquenté
atque plenissimum navium,	et très-plein de navires,
direptum esse	avoir été pillé
a prædonibus,	par les pirates,
prætore inspectante;	un préteur le voyant;
liberos autem ejus ipsius,	de plus les enfants de celui-là même,
qui antea	qui auparavant
gesserat bellum ibi	avait fait la guerre là
cum prædonibus	avec (contre) les pirates
sublatos esse ex Miseno	avoir été enlevés de Misène
a prædonibus?	par les pirates?
Nam quid ego querar	Car pourquoi me plaindrais-je
incommodum Ostiense	des malheurs d'-Ostie,
atque illam labem	et de cette tache
atque ignominiam	et de cette ignominie
reipublicæ,	de la république,
quum,	quand,
vobis prope inspectantibus,	vous presque le voyant,
ea classis,	cette flotte
cui consul populi Romani	à laquelle un consul du peuple romain
præpositus esset,	avait été donné-pour-chef,
capta est atque oppressa	a été prise et coulée-à-fond
a prædonibus?	par les pirates?
Proh dii immortales!	O dieux immortels!
virtusne incredibilis	la valeur incroyable
ac divina	et divine
unius hominis	d'un-seul homme
potuit tempore tam brevi	a-t-elle pu en un temps si court
afferre tantam lucem	apporter un si grand éclat
reipublicæ	à la république
ut vos,	que vous,
qui modo videbatis	qui naguère voyiez
classem hostium	la flotte des ennemis
ante ostium Tiberinum,	devant l'embouchure du-Tibre,
ii nunc audiatis	ceux-ci (vous-mêmes) maintenant vous
nullam navem prædonum	aucun vaisseau des pirates [entendiez dire
esse intra ostium	n'être en deçà de l'embouchure
Oceani?	de l'Océan?
Atque quanquam videtis	Et quoique vous voyiez
qua celeritate	avec quelle rapidité
hæc gesta sint,	ces exploits ont été accomplis,
tamen non sunt	cependant ils ne sont pas
prætereunda a me	devant être omis par moi

quam aut obeundi negotii, aut consequendi quæstus studio,
tam brevi tempore tot loca adire, tantos cursus conficere potuit, quam celeriter, Cn. Pompeio duce, belli impetus navigavit? qui, nondum tempestivo ad navigandum mari, Siciliam
adiit, Africam exploravit, inde Sardiniam cum classe venit,
atque hæc tria frumentaria subsidia reipublicæ firmissimis
præsidiis classibusque munivit. Inde se quum in Italiam recepisset, duabus Hispaniis¹ et Gallia Cisalpina præsidiis ac
navibus confirmata, missis item in oram Illyrici maris et in
Achaiam omnemque Græciam navibus, Italiæ duo maria²
maximis classibus firmissimisque præsidiis adornavit : ipse
autem, ut a Brundisio profectus est, undequinquagesimo die
totam ad imperium populi Romani Ciliciam adjunxit; omnes
qui ubique prædones fuerunt, partim capti interfectique sunt,
partim unius hujus imperio ac potestati se dediderunt. Idem

homme qui, soit pour remplir une mission, soit pour s'enrichir, ait
pu parcourir tant de pays, accomplir de si longs voyages en aussi
peu de temps qu'en a mis Pompée à traverser la mer avec l'appareil des
combats? Avant même que la saison fût bonne pour la navigation, il
est allé en Sicile, il a visité l'Afrique, il est revenu de là en Sardaigne
avec sa flotte, et des escadres, des garnisons considérables ont pourvu
à la sûreté de ces trois greniers de la république. De retour en Italie,
après avoir de même mis à l'abri les deux Espagnes et la Gaule Cisalpine, après avoir envoyé des vaisseaux sur les côtes de l'Illyrie, de
l'Achaïe et de la Grèce entière, il a protégé les deux mers d'Italie par
de nombreuses flottes et de fortes garnisons; lui-même part de
Brindes, et, quarante-neuf jours après, toute la Cilicie est soumise,
tout ce qu'il y avait de pirates sur l'étendue des mers est pris ou tué,
ou s'est remis à sa discrétion. Quand les Crétois lui envoient jusque

in dicendo.

Quis enim unquam

studio aut obeundi negotii,

aut consequendi quæstus,

potuit adire tot loca,

conficere tantos cursus,

tempore tam brevi,

quam impetus belli

navigavit celeriter,

Cn. Pompeio duce?

qui,

mari nondum tempestivo

ad navigandum,

adiit Siciliam,

exploravit Africam,

venit inde Sardiniam

cum classe,

atque munivit præsidiis

et classibus firmissimis

hæc tria subsidia frumen-

reipublicæ.   [taria

Inde,

quum se recepisset

in Italiam,

duabus Hispaniis

et Gallia Cisalpina

confirmata præsidiis

ac navibus,

navibus missis item

in oram maris Illyrici

et in Achaiam

omnemque Græciam,

adornavit duo maria Italiæ

classibus

præsidiisque firmissimis;

ipse autem,

ut profectus est

a Brundisio,

undequinquagesimo die,

adjunxit Ciliciam totam

ad imperium

populi Romani;

omnes prædones,

qui fuerunt ubique,

partim capti sunt

interfectique,

partim se dediderunt

---

en parlant (dans mon discours).

En effet, qui jamais

par désir ou de remplir une fonction

ou d'obtenir du gain,

a pu aborder tant-de lieux,

achever de si-grandes courses,

en un temps aussi court,

que l'impétuosité de la guerre

a navigué promptement,

Cn. Pompée *étant* chef?

lequel,

la mer n'*étant* pas encore favorable

pour naviguer,

a abordé la Sicile,

a visité l'Afrique,

est venu de là en Sardaigne

avec une flotte,

et a muni de garnisons

et de flottes très-fortes

ces trois secours (magasins) de-blé

de la république.

De là,

quand il se fut ramené (fut revenu)

en Italie,

les deux Espagnes

et la Gaule Cisalpine

étant fortifiées de garnisons

et de vaisseaux,

des vaisseaux ayant été envoyés aussi

sur la côte de la mer Illyrienne

et en Achaïe

et *dans* toute la Grèce,

il garnit les deux mers d'Italie

de flottes

et de garnisons très-fortes;

puis lui-même,

après qu'il fut parti

de Brindes,

le quarante-neuvième jour,

réunit la Cilicie tout entière

à l'empire

du peuple romain;

tous les pirates

qui furent en-quelque-lieu-que-ce-fût,

en partie furent pris

et tués,

en partie se rendirent

Cretensibus[1], quum ad eum usque in Pamphyliam legatos deprecatoresque misissent, spem deditionis non ademit, obsi-
desque imperavit. Ita tantum bellum, tam diuturnum, tam
longe lateque dispersum, quo bello omnes gentes ac nationes
premebantur, Cn. Pompeius extrema hieme apparavit, ineunte vere suscepit, media æstate confecit.

XIII. Est hæc divina atque incredibilis virtus imperatoris :
quid? ceteræ, quas paulo ante commemorare cœperam, quantæ
atque quam multæ sunt! Non enim solum bellandi virtus in
summo atque perfecto imperatore quærenda est; sed multæ
sunt artes eximiæ, hujus administræ comitesque virtutis. Ac
primum quanta innocentia debent esse imperatores! quanta
deinde omnibus in rebus temperantia! quanta fide! quanta
facilitate! quanto ingenio! quanta humanitate! Quæ breviter
qualia sint in Cn. Pompeio consideremus. Summa enim omnia

dans la Pamphylie des députés chargés de détourner les effets de sa
colère, il ne leur enlève pas l'espoir de voir leur soumission accueil-
lie, mais il exige d'eux des otages. Ainsi cette guerre si terrible, si
longue, qui s'étendait si loin et désolait tous les peuples, toutes
les nations, Pompée en a fait les préparatifs à la fin de l'hiver,
l'a commencée à l'entrée du printemps, et l'a achevée au milieu de
l'été.

XIII. Voilà le courage divin et incroyable de ce grand général;
mais que dire des autres qualités que j'ai citées tout à l'heure? à
quel degré il les possède! Car ce n'est pas le courage seulement qu'il
faut rechercher dans un capitaine accompli; il y a bien d'autres qualités éminentes, qui doivent accompagner et aider la valeur. Et
d'abord quelle ne doit pas être son intégrité? Quelle modération ne
doit-il pas montrer en toute circonstance? quelle bonne foi? quelle
affabilité? quel génie? quelle bonté? Examinons rapidement comment
Cn. Pompée réunit toutes ces perfections; car il les a toutes au plus

imperio ac potestati
hujus unius.

Idem non ademit
spem deditionis
imperavitque obsides
Cretensibus,
quum misissent ad eum
usque in Pamphyliam
legatos deprecatoresque.
Ita Cn. Pompeius
apparavit extrema hieme,
suscepit vere ineunte,
confecit media æstate
bellum tantum,
tam diuturnum,
dispersum tam longe
lateque.

XIII. Hæc est
virtus divina
atque incredibilis
imperatoris :
quid ?
ceteræ,
quas cœperam paulo ante
commemorare,
quantæ sunt
atque quam multæ !
Non enim solum
virtus bellandi
quærenda est in imperatore
summo atque perfecto ;
sed sunt multæ artes
eximiæ,
administræ et comites
hujus virtutis.
Ac primum
quanta innocentia
imperatores debent esse !
deinde quanta temperantia
in omnibus rebus !
quanta fide !
quanta facilitate !
quanto ingenio !
quanta humanitate !
Quæ consideremus breviter
qualia sint
in Cn. Pompeio.

au pouvoir et à la discrétion
de celui-ci seul.

Le même n'enleva pas
l'espoir de soumission
et imposa des ôtages
aux Crétois,
lorsqu'ils eurent envoyé vers lui
jusqu'en Pamphylie
des députés et des suppliants.
Ainsi Cn. Pompée
prépara à la-fin-de l'hiver,
entreprit, le printemps commençant,
acheva au milieu-de l'été
une guerre si-grande,
si longue,
étendue si au loin
et *si* au large.

XIII. Celui-ci (tèl) est
le mérite divin
et incroyable
de ce général :
mais quoi ?
les autres mérites,
que j'avais commencé peu auparavant
à citer,
combien-grands sont-ils *en lui*
et combien nombreux !
Car non-seulement
la valeur de (pour) combattre
doit être cherchée dans un général
excellent et parfait ;
mais il y a beaucoup-de qualités
distinguées,
aides et compagnes
de cette valeur.
Et d'abord
de quelle intégrité
les généraux doivent être !
puis de quelle modération
dans toutes les circonstances !
de quelle bonne-foi !
de quelle affabilité !
de quel esprit !
de quelle humanité !
Lesquelles *qualités* examinons brièvement
quelles elles sont
dans Cn. Pompée.

sunt, Quirites; sed ea magis ex aliorum contentione, quam ipsa per sese cognosci atque intelligi possunt.

Quem enim possumus imperatorem aliquo in número putare, cujus in exercitu veneant centuriatus atque venierint? quid hunc hominem magnum aut amplum de republica cogitare, qui pecuniam ex ærario depromptam ad bellum administrandum aut propter cupiditatem provinciæ magistratibus diviserit, aut propter avaritiam Romæ in quæstu reliquerit? Vestra admurmuratio facit, Quirites, ut agnoscere videamini qui hæc fecerint. Ego autem neminem nomino. Quare irasci mihi nemo poterit, nisi qui ante de se voluerit confiteri. Itaque, propter hanc avaritiam imperatorum, quantas calamitates, quocumque ventum sit, nostri exercitus ferant, quis ignorat? Itinera, quæ per hosce annos in Italia per agros atque oppida civium

haut degré; et c'est en le comparant aux autres généraux, plutôt qu'en le considérant seul, que nous pourrons les reconnaître et les apprécier.

Croyons nous digne de quelque estime un général dans l'armée duquel le grade de centurion se vend et s'est vendu? Nous semble-t-il qu'un homme puisse avoir des vues grandes et élevées pour la gloire de l'État, lorsque, après avoir tiré de l'argent du trésor public pour faire les frais d'une guerre, il va, dans son désir d'obtenir une province, le partager aux magistrats, ou, par cupidité, le laisser à Rome pour qu'on l'y fasse valoir? A vos murmures, Romains, je crois comprendre que vous reconnaissez les prévaricateurs. Pour ma part, je ne nomme personne; personne ne pourra donc m'en vouloir, à moins de consentir d'abord à s'avouer coupable. Aussi, grâce à cette avidité de leurs chefs, qui ne sait quels désastres nos armées causent partout où elles passent? Rappelez-vous les marches de nos généraux, pendant ces dernières années, en pleine Italie, à travers les champs

Omnia enim, Quirites, | Toutes en effet, Romains,
sunt summa; | sont très-grandes *en lui;*
sed ea possunt magis | mais elles peuvent plutôt
cognosci atque intelligi | être connues et être comprises
ex contentione aliorum, | par la comparaison des autres,
quam ipsa per sese. | qu'elles-mêmes par elles-mêmes.
Quem enim imperatorem | En effet quel général
possumus putare | pouvons-nous compter (croire)
in aliquo numero, | en quelque nombre (de quelque valeur),
in exercitu cujus | dans l'armée duquel
centuriatus veneant | les charges-de-centurions se vendent
atque venierint? | et se sont vendues?
quid | que *pouvons-nous croire*
hunc hominem cogitare | cet homme-là penser
magnum aut amplum | de grand ou de noble
de republica, | touchant la république,
qui aut diviserit | lequel ou a partagé
magistratibus | aux magistrats
propter cupiditatem | par désir
provinciæ, | d'*obtenir* une province,
aut reliquerit Romæ | ou a laissé à Rome
in quæstu | à intérêt
propter avaritiam | par avarice
pecuniam depromptam | l'argent tiré
ex ærario   [lum? | du trésor public
ad administrandum bel- | pour conduire la guerre?
Vestra admurmuratio, | Votre murmure,
Quirites; | Romains,
facit ut videamini | fait que vous paraissiez
agnoscere | reconnaître
qui fecerint hæc. | quels *hommes* ont fait cela.
Ego autem nomino nemi- | Mais moi je ne nomme personne.
Quare nemo   [nem: | C'est-pourquoi personne
poterit irasci mihi, | ne pourra se fâcher contre moi,
nisi qui ante voluerit | sinon celui qui auparavant aura voulu
confiteri de se. | faire-un-aveu sur soi-même.
Itaque | C'est-pourquoi
propter hanc avaritiam | à cause de cette cupidité
imperatorum, | des généraux,
quis ignorat | qui ignore
quantas calamitates, | quels-grands malheurs,
quocumque ventum sit, | en-quelque-endroit-que l'on soit allé,
nostri exercitus ferant? | nos armées supportent?
Recordamini itinera | Rappelez-vous les marches
quæ nostri imperatores | que nos généraux
fecerunt | ont faites
per hosce annos. | pendant ces années ci

Romanorum nostri imperatores fecerunt, recordamini : tum
facilius statuetis quid apud exteras nationes fieri existimetis.
Utrum plures arbitramini per hosce annos militum vestrorum
armis hostium urbes, an hibernis sociorum civitates esse deletas? Neque enim potest exercitum is continere imperator,
qui se ipse non continet, neque severus esse in judicando,
qui alios in se severos esse judices non vult. Hic miramur
hunc hominem tantum excellere ceteris, cujus legiones sic in
Asiam pervenerunt, ut non modo manus tanti exercitus, sed
ne vestigium quidem cuiquam pacato nocuisse dicatur? Jam
vero, quemadmodum milites hibernent, quotidie sermones ac
litterae perferuntur. Non modo, ut sumptum faciat in militem,
nemini vis affertur ; sed ne cupienti quidem cuiquam permittitur. Hiemis enim, non avaritiae perfugium majores nostri in
sociorum atque amicorum tectis esse voluerunt.

XIV. Age vero, ceteris in rebus quali sit temperantia con-

et les villes des citoyens romains, et vous vous figurerez plus aisé-
ment ce qui a dû se passer chez des peuples étrangers. Pensez-vous
que, pendant cette période, vos soldats aient détruit plus de villes ennemies par la force des armes que de villes alliées par leurs quartiers d'hiver ? En effet, un général ne saurait contenir son armée,
quand il ne sait pas se contenir lui-même ; il n'a pas le droit d'être
sévère en jugeant les autres, quand il ne veut pas que les autres
soient sévères en le jugeant lui-même. Aussi ne voyons-nous pas
avec surprise l'immense supériorité d'un chef dont les légions sont
arrivées en Asie sans qu'aucun peuple tranquille ait eu à se plaindre,
non pas d'une violence, mais seulement de leur passage ? Si vous voulez savoir comment elles se conduisent dans leurs quartiers d'hiver,
les bruits publics, les lettres qui vous arrivent tous les jours vous
l'apprennent : non-seulement on ne force personne à faire des dépenses
pour nos soldats, mais on ne le permet même pas à ceux qui le vou-
draient. C'est qu'en effet nos pères ont entendu que les soldats trou-
vassent chez nos amis, chez nos alliés, un refuge contre l'hiver, et
non un moyen d'assouvir leur cupidité.

XIV. Et voyez encore quelle est, en toute autre circonstance, la

per agros atque oppida
civium Romanorum:
tum statuetis facilius
quid existimetis fieri
apud nationes exteras.
Utrum arbitramini
plures urbes hostium
deletas esse
per hosce annos
armis vestrorum militum,
an civitates sociorum
hibernis?
Neque enim is imperator
qui non continet se ipsum
potest continere exercitum,
neque qui non vult
alios esse severos in se,
esse severus in judicando.
Hic miramur
hunc hominem
excellere tantum ceteris,
cujus legiones
pervenerunt sic in Asiam
ut non modo manus
tanti exercitus,
sed ne vestigium quidem
dicatur nocuisse
cuiquam pacato?
Jam vero quotidie
sermones
ac litteræ perferuntur,
quemadmodum milites
hibernent.
Non modo
vis affertur nemini,
ut faciat sumptum
in militem;
sed ne permittitur quidem
cuiquam cupienti.
Nostri enim majores
voluerunt
perfugium hiemis,
non avaritiæ,
esse in tectis
sociorum atque amicorum.
XIV. Age vero,
considerate

à travers les terres et les villes
des citoyens romains:
alors vous établirez plus facilement
ce que vous pensez se faire
chez les nations étrangères.
Est-ce-que vous croyez
plus-de villes des ennemis
avoir été détruites
pendant ces années-ci
par les armes de vos soldats,
ou plus-de villes des alliés
par les quartiers-d'hiver?
Car d'une-part ce général
qui ne contient pas lui-même
ne peut contenir *son* armée,
et *celui* qui ne veut pas
les autres *être* sévères envers lui,
ne peut être sévère en jugeant *les autres.*
Et ici nous nous étonnons
cet homme
l'emporter autant sur les autres,
lui dont les légions
sont arrivées de-telle-sorte en Asie
que non-seulement les mains
d'une si-grande armée,
mais pas même les pas
ne sont dits avoir nui
à qui-que-ce-soit étant-en-paix?
Mais d'un-autre-côté tous-les-jours
des bruits
et des lettres *vous* sont apportés,
expliquant comment *nos* soldats
passent-leurs-quartiers-d'hiver.
Non-seulement
violence n'est appliquée à personne,
afin qu'il fasse de la dépense
pour le soldat;
mais il n'est pas même permis
à quelqu'un *le* désirant *d'en faire.*
En effet nos ancêtres
ont voulu
un refuge de (contre) l'hiver,
et non de (pour) l'avidité,
être *sous* les toits
de *nos* alliés et de *nos* amis.
XIV. Mais allons,
considérez

siderate. Unde illam tantam celeritatem et tam incredibilem cursum inventum putatis? Non enim illum eximia vis remigum, aut ars inaudita quædam gubernandi, aut venti aliqui novi, tam celeriter in ultimas terras pertulerunt; sed hæ res, quæ ceteros remorari solent, non retardarunt : non avaritia ab instituto cursu ad prædam aliquam devocavit, non libido ad voluptatem, non amœnitas ad delectationem, non nobilitas urbis ad cognitionem, non denique labor ipse ad quietem. Postremo signa et tabulas, ceteraque ornamenta Græcorum oppidorum, quæ ceteri tollenda esse arbitrantur, ea sibi ille ne visenda quidem existimavit. Itaque omnes quidem nunc in his locis Cn. Pompeium sicut aliquem non ex hac urbe missum, sed de cœlo delapsum, intuentur : nunc denique incipiunt credere fuisse homines Romanos hac quondam absti-

modération de Pompée. D'où vient, à votre avis, cette prodigieuse célérité, cette incroyable rapidité de mouvements? Ce n'est point à l'aide de rameurs plus vigoureux, de manœuvres jusqu'ici inconnues, ou de vents nouveaux, qu'il est arrivé si vite aux extrémités de la terre; mais les motifs qui d'ordinaire retardent les autres généraux ne l'ont pas arrêté : il n'a point été détourné de sa route par la cupidité, pour aller s'emparer de quelque riche butin; par la débauche, pour satisfaire sa passion; par le charme des lieux, pour se procurer une distraction; par la renommée de quelque ville, pour contenter sa curiosité; enfin, par la fatigue même, pour prendre du repos. Ces statues, ces tableaux, toutes ces merveilles dont les villes grecques sont ornées, et que les autres croient devoir enlever, il n'a pas même cru devoir les visiter. Aussi maintenant dans tous ces pays regarde-t-on Cn. Pompée non comme un envoyé de Rome, mais comme un être descendu du ciel; on commence enfin à croire qu'il a existé autrefois des Romains de cette modération, ce que les peuples étrangers ne

qualis sit temperantia	quelle est *sa* modération
in ceteris rebus.	dans les autres choses.
Unde putatis	D'où pensez-vous
illam celeritatem tantam	cette rapidité si-grande
et cursum	et *cette* course
tam incredibilem	si incroyable
inventum?	*avoir été* trouvées (résulter)?
Non enim vis eximia	Car non pas une force extraordinaire
remigum,	de rameurs,
aut quædam ars inaudita	ou un certain art inconnu
gubernandi;	de gouverner *un vaisseau*,
aut aliqui venti novi	ou quelques vents nouveaux
pertulerunt illum	ont transporté lui
tam celeriter	si rapidement
in terras ultimas	dans les terres les plus lointaines ;
sed hæ res	mais ces choses,
quæ solent	qui ont-coutume
remorari ceteros,	de retarder les autres,
non retardarunt :	ne *l'*ont pas arrêté :
avaritia non devocavit	la cupidité ne *l'*a pas détourné
a cursu instituto	d'une route entreprise
ad aliquam prædam,	pour quelque butin,
non libido ad voluptatem,	ni la passion pour *quelque* plaisir,
non amœnitas	ni le charme *des lieux*
ad delectationem,	pour *quelque* distraction,
non nobilitas urbis	ni la célébrité d'une ville
ad cognitionem,	pour la connaissance (pour la connaître),
denique non labor ipse	enfin ni la fatigue même
ad quietem.	pour le repos.
Postremo ille	Enfin celui-ci
ne existimavit quidem	n'a pas même pensé
ea visenda esse sibi,	ces *objets* devoir être vus par lui,
quæ ceteri arbitrantur	que les autres pensent
tollenda esse,	devoir être enlevés *par eux*,
signa et tabulas,	les statues et les tableaux,
ceteraque ornamenta	et les autres ornements
oppidorum Græcorum.	des villes grecques.
Itaque omnes quidem nunc	Aussi tous certes maintenant
in his locis	dans ces lieux
intuentur Cn. Pompeium	regardent Cn. Pompée
sicut aliquem	comme quelqu'un
non missum ex hac urbe,	non envoyé de cette ville,
sed delapsum de cœlo :	mais tombé du ciel :
nunc denique	maintenant enfin
incipiunt credere	ils commencent à croire
homines Romanos	des hommes romains
hac abstinentia	de cette intégrité

nentia; quod jam nationibus exteris incredibile ac falso
memoriæ proditum videbatur. Nunc imperii nostri splendor
illis gentibus lucet; nunc intelligunt non sine causa majores
suos tum, quum hac temperantia magistratus habebamus,
servire populo Romano quam imperare aliis maluisse. Jam
vero ita faciles aditus ad eum privatorum, ita liberæ querimoniæ de aliorum injuriis esse dicuntur, ut is, qui dignitate
principibus excellit, facilitate par infimis esse videatur. Jam
quantum consilio, quantum dicendi gravitate et copia valeat,
in quo ipso inest quædam dignitas imperatoria, vos, Quirites,
hoc ipso in loco sæpe cognostis. Fidem vero ejus inter socios
quantam existimari putatis, quam hostes omnium gentium
sanctissimam judicarint? Humanitate jam tanta est ut difficile
dictu sit utrum hostes magis virtutem ejus pugnantes timue-

pouvaient plus admettre et regardaient comme une tradition mensongère. L'éclat de votre empire brille à présent aux yeux de ces
peuples; ils comprennent que leurs ancêtres, au temps où nous
avions des magistrats si modérés, aient mieux aimé obéir au peuple
romain que de commander aux autres peuples. D'un autre côté les
simples particuliers le trouvent si abordable, il leur donne une telle
liberté d'exposer leurs plaintes contre les injustices dont ils sont
l'objet, qu'il semble, lui qui par son rang est au-dessus des plus
grands, se mettre par son affabilité au niveau des plus petits. Quant
à sa prudence, à son éloquence, à l'autorité de sa parole, qualités
qui rehaussent la dignité du général, vous en avez jugé vous-mêmes,
Romains, à cette tribune. Quelle opinion n'a-t-on pas de sa bonne
foi parmi les alliés, quand les ennemis de toutes les nations l'ont
regardée comme sacrée? Son humanité est telle qu'il serait difficile de
dire si l'ennemi craint plus son courage pendant la lutte qu'il ne

fuisse quondam ;	avoir été autrefois ;
quod videbatur jam	ce qui paraissait déjà
incredibile	incroyable
nationibus exteris	aux nations étrangères
ac proditum falso	et transmis faussement
memoriæ,	à la mémoire.
Nunc splendor	Maintenant l'éclat
vestri imperii	de votre empire
lucet illis gentibus ;	luit pour ces nations ;
nunc intelligunt	maintenant elles comprennent
suos majores	leurs ancêtres
maluisse non sine causa	avoir mieux-aimé non sans raison
servire populo Romano,	obéir au peuple romain,
quam imperare aliis,	que commander aux autres,
tum quum habebamus	alors que nous avions
magistratus	des magistrats
hac temperantia.	de cette modération.
Jam vero	Mais d'un-autre côté
aditus privatorum	les accès des simples-particuliers
ad eum	vers lui
dicuntur ita faciles,	sont dits *être* si faciles,
querimoniæ	les plaintes
de injuriis aliorum	touchant les injustices des autres
ita liberæ,	*sont dites être* si libres,
ut is,	que celui-ci,
qui excellit principibus	qui l'emporte sur les premiers
dignitate,	par la dignité,
videatur esse par infimis	semble être égal aux derniers
facilitate.	par l'affabilité.
Jam vos, Quirites,	De plus vous, Romains,
cognostis sæpe	vous avez reconnu souvent
in hoc loco ipso	dans ce lieu même
quantum valeat consilio,	combien il peut par la prudence,
quantum gravitate	combien par l'autorité
et copia dicendi,	et l'abondance de parler (de sa parole),
in quo ipso	ce en quoi même
inest quædam dignitas	il y a une certaine dignité
imperatoria.	de-général.
Quantam vero putatis	Puis combien-grande pensez-vous
fidem ejus existimari,	la bonne-foi de lui être crue,
quam hostes	*elle* que les ennemis
omnium gentium	de tous les peuples,
judicarint sanctissimam ?	ont jugée très-sacrée ?
Jam est humanitate tanta	D'ailleurs il est d'une humanité telle
ut sit difficile dictu	qu'il est difficile à être dit (de dire)
utrum hostes	si les ennemis
timuerint magis	ont craint davantage

rint, an mansuetudinem victi dilexerint. Et quisquam dubitabit quin huic tantum bellum hoc transmittendum sit, qui ad
omnia nostræ memoriæ bella conficienda divino quodam consilio natus esse videatur?

XV. Et, quoniam auctoritas multum in bellis quoque ad-
ministrandis atque imperio militari valet, certe nemini dubium est quin ea re idem ille imperator plurimum possit.
Vehementer autem pertinere ad bella administranda, quid
hostes, quid socii de imperatoribus vestris existiment, quis
ignorat, quum sciamus homines in tantis rebus, ut aut con-
temnant aut metuant, aut oderint aut ament, opinione non
minûs famæ quam aliqua certa ratione commoveri? Quod
igitur nomen unquam in orbe terrarum clarius fuit? cujus res
gestæ pares? de quo homine vos, id quod maxime facit auctoritatem, tanta et tam præclara judicia fecistis? An vero
ullam usquam esse oram tam desertam putatis, quo non illius

chérit sa clémence après la défaite. Et vous hésiteriez à confier le
soin de cette guerre importante à un homme qui semble né, par un
bienfait de la divinité, pour achever toutes les guerres de notre
temps?

XV. Puisqu'il est vrai qu'à la guerre et dans le commandement
des armées la réputation peut beaucoup, personne ne doute que, sur
ce point encore, le général dont nous parlons n'ait une grande supériorité. C'est une chose fort importante pour le succès des opérations
militaires, que l'opinion que vos alliés et vos ennemis ont de vos
généraux; qui peut en douter, quand on sait que pour faire naître
chez les hommes des sentiments aussi sérieux que le mépris, la
crainte, la haine, l'amour; l'opinion n'a pas moins d'influence que
les motifs les plus graves? Or, quel nom eut jamais tant d'éclat
dans le monde? qui fit jamais d'aussi grandes choses? quel homme
(car c'est là surtout ce qui fait la réputation), quel homme a mérité
de votre part des jugements aussi glorieux, aussi éclatants? Croyez-
vous qu'il y ait une contrée assez solitaire pour n'avoir pas entendu

virtutem ejus	la valeur de lui
pugnantes,	en combattant,
an dilexerint mansuetudi-	ou ont aimé *davantage sa* douceur
_victi. [nem	étant vaincus.
Et quisquam dubitabit	Et quelqu'un doutera
quin tantum bellum	qu'une si-grande guerre,
transmittendum sit huic,	ne doive être reportée à celui-ci,
qui videatur natus esse	qui semble être né
quodam consilio divino	par une certaine volonté divine
ad conficienda	pour achever
omnia bella	toutes les guerres
nostræ memoriæ?	de notre mémoire (temps)?
XV. Et quoniam	XV. Et puisque
auctoritas	la réputation
valet multum quoque	peut beaucoup aussi
in bellis administrandis	dans les guerres à-conduire
atque imperio militari,	et *dans* le commandement militaire,
certe est dubium nemini	certes il *n*'est douteux pour personne
quin ille idem imperator	que ce même général
possit plurimum ea re.	ne puisse le plus par ce côté.
Quis autem ignorat	Or, qui ignore
quid hostes,	ce que les ennemis,
quid socii existiment	ce que les alliés pensent
de vestris imperatoribus,	de vos généraux,
pertinere vehementer	être-intéressant vivement
ad bella administranda,	pour les guerres à-conduire,
quum sciamus	quand nous savons
homines commoveri	les hommes être poussés
in tantis rebus	dans de si-grandes questions
ut aut contemnant,	de sorte que ou ils méprisent,
aut metuant,	ou ils craignent,
aut oderint, aut ament,	ou ils haïssent, ou ils aiment,
non minus opinione famæ	non moins par l'opinion de la renommée
quam aliqua ratione certa?	que par quelque motif déterminé?
Quod nomen igitur	Quel nom donc
fuit unquam clarius	fut jamais plus illustre
in orbe terrarum?	dans le cercle des terres (l'univers)?
cujus res gestæ pares?	de qui les exploits accomplis *sont-ils*
de quo homine	sur quel homme [égaux?
vos fecistis judicia tanta	avez-vous fait (porté) des jugements si-
et tam præclara,	et si éclatants, [grands
d quod facit maxime	ce qui fait surtout
auctoritatem?	la réputation?
An vero putatis	Mais est-ce que vous pensez
ullam oram esse usquam	quelque rive être quelque-part
tam desertam,	si déserte,
quo non pervaserit	où ne soit parvenu

diei fama pervaserit, quum universus populus Romanus,
referto foro repletisque omnibus templis, ex quibus hic locus
conspici potest, unum sibi ad commune omnium gentium
bellum Cn. Pompeium imperatorem depoposcit? Itaque, ut
plura non dicam, neque aliorum exemplis confirmem quantum hujus auctoritas valeat in bello, ab eodem Cn. Pompeio
omnium rerum egregiarum exempla sumantur : qui quo die a
vobis maritimo bello præpositus est imperator, tanta repente
vilitas annonæ ex summa inopia et caritate rei frumentariæ
consecuta est, unius hominis spe et nomine, quantam vix ex
summa ubertate agrorum diuturna pax efficere potuisset. Jam
accepta in Ponto calamitate, ex eo prœlio de quo vos paulo
ante invitus admonui, quum socii pertimuissent, hostium opes

parler de ce jour où le peuple romain tout entier, couvrant le forum
et remplissant tous les temples d'où l'on peut apercevoir cette tribune,
désigna Pompée seul pour diriger cette guerre commune à toutes les
nations? Aussi, sans en dire davantage, sans chercher à vous prouver par des exemples étrangers quelle est à la guerre l'influence de
la réputation, prenons chez ce même Pompée les exemples de tout
ce qu'il y a de grand. Du jour où vous l'avez chargé de la guerre des
pirates, on a vu, grâce à l'espoir que donnait le nom d'un seul homme,
le prix des denrées, qui étaient extrêmement rares et chères, baisser
tout à coup comme après une récolte extraordinaire et au sein d'une
longue paix. Puis, quand, après le désastre du Pont, après cette
bataille dont je n'ai parlé tout à l'heure que malgré moi, vos alliés
se furent effrayés, que vos ennemis eurent repris confiance et ras-

fama illius diei,	le bruit de ce jour,
quùm populus Romanus	lorsque le peuple romain
universus,	tout entier
foro referto,	le forum étant-plein,
omnibusque templis,	et tous les temples,
ex quibus hic locus	d'où ce lieu
potest conspici,	peut être aperçu,
repletis,	étant remplis,
depoposcit sibi	a demandé pour lui-même
Cn. Pompeium unum	Cn. Pompée seul
imperatorem	*comme* général
ad bellum commune	pour *cette* guerre commune
omnium gentium?	de (à) toutes les nations?
Itaque,	C'est-pourquoi,
ut non dicam plura,	afin que je ne dise pas plus de *paroles*,
neque confirmem	et ne prouve pas
exemplis aliorum	par les exemples des autres
quantum auctoritas	combien la réputation
valeat in bello,	peut dans la guerre,
exempla	que les exemples
omnium rerum egregiarum	de toutes les actions remarquables
sumantur	soient pris
ab eodem Cn. Pompeio:	de ce-même Cn. Pompée:
die quo	le jour dans lequel
qui præpositus est a vobis	celui-ci fut préposé par vous
imperator	*comme* général
bello maritimo,	à la guerre maritime,
vilitas annonæ	un bas-prix des denrées
consecuta est repente	suivit tout-à-coup
ex summa inopia	au-sortir-d'une extrême disette
et caritate	et d'une cherté
rei frumentariæ,	de la propriété de-grains (du blé),
spe et nomine	*grâce à* l'espérance et au nom
unius hominis, [turna	d'un seul homme,
tanta quantum pax diu-	aussi-grand qu'une paix longue
potuisset efficere	eût pu *le* produire
ex summa ubertate	à-la-suite-d'une extrême fécondité
agrorum.	des champs.
Jam	D'un autre côté
calamitate accepta	un malheur ayant été reçu (essuyé)
in Ponto,	dans le Pont,
ex eo prœlio	à-la suite de cette bataille
de quo admonui vos	de laquelle j'ai fait-souvenir vous
paulo ante	peu auparavant
invitus,	ne-*le*-désirant pas (malgré moi),
quum socii pertimuissent,	comme les alliés avaient craint,
opes animique hostium	*que* les forces et l'ardeur des ennemis

animique crevissent, quùm satis firmum præsidium provincia
non haberet, amisissetis Asiam, Quirites, nisi ad ipsum discrimen ejus temporis divinitus Cn. Pompeium ad eas regiones
fortuna populi Romani attulisset. Hujus adventus et Mithridatem insolita inflammatum victoria continuit, et Tigranem magnis copiis minitantem Asiæ retardavit. Et quisquam dubitabit
quid virtute profecturus sit, qui tantum auctoritate profecerit,
aut quam facile imperio atque exercitu socios et vectigalia
conservaturus sit, qui ipso nomine ac rumore defenderit?

XVI. Age vero illa res quantam declarat ejusdem hominis
apud hostes populi Romani auctoritatem, quod ex locis tam
longinquis tamque diversis, tam brevi tempore, omnes una
huic se dederunt? quod Cretensium legati, quum in eorum
insula noster imperator exercitusque esset, ad Cn. Pompeium
in ultimas prope terras venerunt, eique se omnes Cretensium

semblé de plus grandes forces, quand notre province n'était plus
suffisamment défendue, l'Asie était perdue pour vous, Romains, si la
fortune de la république n'eût fait apparaître alors Pompée dans ce pays
comme un envoyé du ciel. A son arrivée, Mithridate, fier d'un triomphe
nouveau pour lui, s'arrêta; Tigrane, qui menaçait l'Asie avec une
armée considérable, n'osa pas s'avancer. Et vous mettrez en doute ce
que pourra la valeur d'un homme dont la réputation a produit de
tels effets! vous douterez qu'avec un commandement et une armée il
ne sauve sans peine nos alliés et nos tributaires, quand son nom seul
et le bruit de son arrivée ont suffi pour les défendre?

XVI. D'un autre côté, voulez-vous une preuve de la réputation de
Pompée aux yeux des ennemis de Rome? voyez en si peu de temps,
sur tant de points si éloignés et si divers, tous les peuples se soumettre
à lui seul. Les députés des Crétois, bien qu'il y eût dans leur île une
armée et un général de la république, vont trouver Pompée au bout
du monde, et déclarent que c'est à lui qu'ils veulent livrer toutes les

crevissent,
provincia non haberet
præsidium satis firmum,
amisissetis Asiam,
Quirites,
nisi fortuna
populi Romani
attulisset divinitus
ad discrimen ipsum
ejus temporis
Cn. Pompeium
ad eas regiones.
Adventus hujus
et continuit Mithridatem
inflammatum
victoria insolita,
et retardavit Tigranem
minitantem Asiæ
magnis copiis.
Et quisquam dubitabit
quid profecturus sit
virtute
qui profecerit tantum
auctoritate,
aut quam facile
conservaturus sit
imperio atque exercitu
socios et vectigalia,
qui defenderit
nomine ipso ac rumore?
XVI. Age vero,
quantam auctoritatem
ejusdem hominis
apud hostes populi Romani
illa res declarat, quod,
ex locis tam longinquis
tamque diversis,
tempore tam brevi,
omnes se dediderunt
huic uni?
quod legati Cretensium,
quum noster imperator
exercitusque
esset in insula eorum,
venerunt ad Cn. Pompeium
prope in terras ultimas,
dixeruntque

s'étaient augmentées,
que la province n'avait pas
de défense assez ferme,
vous eussiez perdu l'Asie,
Romains,
si la fortune
du peuple romain
n'avait amené par-un-coup-du-ciel
au moment-décisif même
de ce temps
Cn. Pompée
vers ces pays.
L'arrivée de celui-ci
et contint Mithridate
enflammé (enorgueilli)
d'une victoire inaccoutumée,
et retarda Tigrane
qui menaçait l'Asie
avec de grandes troupes.
Et quelqu'un doutera
de ce qu'est devant gagner
par *sa* valeur
celui qui a gagné tant
par *sa* réputation,
ou combien facilement
il est devant sauver
avec un commandement et une armée
nos alliés et *nos* revenus,
celui qui *les* a défendus   [putation?
par *son* nom même et le bruit *de sa ré-*
XVI. Mais allons,
quelle-grande réputation
de ce-même homme
auprès des ennemis du peuple romain
ce fait *ne* prouve-t-il *pas*, que,
de lieux si lointains
et si divers,
en un temps si court,
tous se sont rendus
à lui seul?
que les députés des Crétois,
lorsque notre général
et *notre* armée
étaient dans l'île d'eux,
sont venus vers Cn. Pompée
presque dans les terres les plus éloignées,
et ont dit

civitates dedere velle dixerunt? Quid? idem iste Mithridates
nonne ad eumdem Cn. Pompeium legatum usque in Hispaniam
misit? eum quem Pompeius legatum semper judicavit, ii, quibus semper erat molestum ad eum potissimum esse missum,
speculatorem quam legatum judicari maluerunt. Potestis igitur
jam constituere, Quirites, hanc auctoritatem, multis postea
rebus gestis magnisque vestris judiciis amplificatam, quantum
apud illos reges, quantum apud exteras nationes valituram
esse existimetis.

Reliquum est ut de felicitate (quam præstare de se ipso
nemo potest, meminisse et commemorare de altero possumus),
sicut æquum est homini de potestate deorum, timide et pauca
dicamus. Ego enim sic existimo, Maximo, Marcello, Scipioni,

villes de la Crète. Mais quoi! ce même Mithridate n'a-t-il pas envoyé
jusqu'en Espagne un ambassadeur à ce même Pompée? et Pompée l'a
toujours regardé comme un ambassadeur véritable, bien que ceux
qui étaient jaloux que ce fût vers lui qu'on l'eût député aient prétendu
que c'était plutôt un espion qu'un ambassadeur. Vous pouvez donc
dès maintenant, Romains, vous figurer l'effet que doit produire sur
ces rois, sur les peuples étrangers, la réputation de Pompée, encore
augmentée par ses nouveaux exploits et par vos glorieux témoi-
gnages.

Il me reste à parler du bonheur, avantage que nul ne peut s'attribuer à soi-même, mais que l'on peut citer et rappeler lorsqu'il s'agit
d'un autre; parlons-en avec réserve, comme le doit faire l'homme
quand il parle de la puissance des dieux. Pour ma part, j'estime que,
si l'on confia si souvent des commandements et des armées à Fabius
Maximus, à Marcellus, à Scipion, à Marius, ce ne fut pas seulement

se velle dedere ei	eux vouloir livrer à lui
omnes civitates	toutes les villes
Cretensium?	des Crétois?
Quid?	Quoi?
iste idem Mithridates	ce même Mithridate
nonne misit legatum'	n'a-t-il pas envoyé un ambassadeur
ad eumdem Cn. Pompeium	à ce-même Cn. Pompée
usque in Hispaniam?	jusqu'en Espagne?
eum quem Pompeius	cet *homme* que Pompée
judicavit semper	a jugé toujours
legatum,	*être* un ambassadeur,
ii, quibus	*tandis que ces gens*, à qui
erat semper molestum	il était toujours désagréable [férence
missum esse potissimum	*un ambassadeur* avoir été envoyé de pré-
ad eum,	à lui,
maluerunt	ont mieux aimé
judicari speculatorem	*lui* être regardé-comme espion
quam legatum.	que *comme* ambassadeur.
Potestis igitur jam,	Vous pouvez donc déjà,
Quirites,	Romains,
constituere	établir
quantum existimetis	combien vous pensez
hanc auctoritatem,	cette réputation,
amplificatam	augmentée
multis rebus	par de nombreux exploits
gestis postea,	accomplis depuis,
vestrisque judiciis	et par vos jugements
magnis,	grands (éclatants),
valituram esse	devoir valoir
apud illos reges,	auprès de ces rois-là,
quantum	combien
apud nationes exteras.	auprès des nations étrangères.
Est reliquum	Il est restant (il reste)
ut dicamus timide	que nous parlions timidement
et pauca,	et *en* peu *de mots*,
sicut est æquum homini	comme il est convenable à un homme
de potestate deorum,	*parlant* du pouvoir des dieux,
de felicitate,	du bonheur,
quam nemo potest	que personne ne peut
præstare de se ipso,	mettre-en-avant touchant soi-même,
possumus meminisse	*mais que* nous pouvons nous rappeler
et commemorare de altero.	et citer d'un autre.
Ego enim existimo sic,	Car je pense ainsi,
imperia mandata esse	des commandements avoir été confiés
atque exercitus commissos	et des armées confiées
sæpius	plus souvent
Maximo, Marcello;	à *Fabius* Maximus, à Marcellus,

Mario et ceteris magnis imperatoribus, non solum propter
virtutem, sed etiam propter fortunam, sæpius imperia man-
data atque exercitus esse commissos : fuit enim profecto qui-
busdam summis viris quædam ad amplitudinem et ad gloriam
et ad res magnas bene gerendas divinitus adjuncta fortuna.
De hujus autem hominis felicitate, de quo nunc agimus, hac
utar moderatione dicendi, non ut in illius potestate fortunam
positam esse dicam, sed ut præterita meminisse; reliqua spe-
rare videamur, ne aut invisa diis immortalibus oratio nostra,
aut ingrata esse videatur. Itaque non sum prædicaturus, Quirites, quantas ille res domi militiæque, terra marique, quan-
taque felicitate gesserit; ut ejus semper voluntatibus non
modo cives assenserint, socii obtemperarint, hostes obedie-
rint; sed etiam venti tempestatesque obsecundarint : hoc
brevissime dicam, neminem unquam tam impudentem fuisse,
qui a diis immortalibus tot et tantas res tacitus auderet

à cause de leur mérite, mais à cause de leur bonheur. Certains hommes
éminents, en effet, ont reçu sans aucun doute du ciel une sorte de
bonne fortune, qui contribue à leur grandeur et à leur gloire et leur
fait accomplir d'éclatantes choses; or, en parlant du bonheur de
l'homme qui nous occupe, je veux être fidèle à cette modération que
je m'impose, et, de peur que mon langage ne me fasse paraître aux
yeux des dieux immortels impie ou ingrat, je ne dirai pas qu'il tient
la fortune en son pouvoir, mais seulement qu'en nous rappelant le
passé nous pouvons compter sur l'avenir. Je ne vanterai donc pas,
Romains, les grandes choses qu'il a faites dans la paix comme à la
guerre, sur terre comme sur mer, ni le bonheur avec lequel il les a
achevées; je ne répéterai pas qu'on a vu toujours ses volontés non-
seulement applaudies par les citoyens, suivies par les alliés, exécu-
tées par les ennemis, mais même secondées par les vents et les tem-
pêtes. Je ne dirai qu'un mot : c'est que personne n'a jamais été assez
impudent pour demander aux dieux, même dans le secret de son

Scipioni, Mario, [ribus,	à Scipion, à Marius,
et ceteris magnis imperato-	et aux autres grands généraux,
non solum.	non-seulement
propter virtutem,	pour *leur* valeur,
sed etiam	mais encore
propter fortunam :	pour *leur* bonheur :
profecto enim	car certainement
quædam fortuna	une certaine fortune
adjuncta fuit divinitus	fut ajoutée (accordée) par-un-don-du-ciel
quibusdam viris summis	à quelques hommes éminents
ad amplitudinem	pour *leur* grandeur
et gloriam	et *leur* gloire
et ad bene gerendas	et pour bien faire
res magnas.	les actions grandes (importantes).
De felicitate autem	Mais quant au bonheur
hujus hominis,	de cet homme,
de quo agimus nunc,	de qui nous parlons maintenant,
utar hac moderatione	j'userai de cette (d'une telle) modération
dicendi,	de parler (de langage),
non ut dicam	non pas que je dise
fortunam positam esse	la fortune être placée
in potestate illius,	en le pouvoir de lui,
sed ut videamur	mais que nous semblions
meminisse præterita,	nous rappeler les *faits* passés,
sperare reliqua,	*et* espérer les *faits* qui-restent (à venir),
ne nostra oratio videatur	de peur que notre langage ne paraisse
esse aut invisa	être ou odieux
diis immortalibus,	aux dieux immortels,
aut ingrata.	ou ingrat *envers eux*.
Itaque, Quirites,	C'est-pourquoi, Romains,
non sum prædicaturus	je ne suis pas devant vanter
quantas res ille gesserit	quelles-grandes actions il a faites
domi militiæque,	à l'intérieur et en guerre,
terra marique,	sur terre et sur mer,
quantaque felicitate ;	et avec quel bonheur ;
ut non modo semper	comment non-seulement toujours
cives assenserint,	les citoyens ont applaudi,
socii obtemperarint,	les alliés se sont prêtés,
hostes obedierint	les ennemis ont obéi
voluntatibus ejus,	aux volontés de lui,
sed etiam	mais encore
venti tempestatesque	les vents et les saisons
obsecundarint :	*les* ont secondées :
dicam brevissime hoc,	je dirai très-brièvement ceci,
neminem unquam fuisse	personne jamais n'avoir été
tam impudentem	si impudent
qui auderet optare tacitus	qui osât demander silencieux (tout bas)

optare, quot et quantas dii immortales ad Cn. Pompeium detulerunt. Quod ut illi proprium ac perpetuum sit, Quirites,
quum communis salutis atque imperii, tum ipsius hominis
causa, sicuti facitis, velle et optare debetis.

Quare quum et bellum ita necessarium sit, ut negligi non
possit, ita magnum, ut accuratissime sit administrandum, et
quum ei imperatorem præficere possitis, in quo sit eximia
belli scientia, singularis virtus, clarissima auctoritas, egregia
fortuna, dubitabitis, Quirites, quin hoc tantum boni, quod
vobis a diis immortalibus oblatum et datum est, in rempublicam conservandam atque amplificandam conferatis?

XVII. Quod si Romæ Cn. Pompeius privatus esset hoc
tempore, tamen ad tantum bellum is erat deligendus atque
mittendus. Nunc, quum ad ceteras summas utilitates hæc
quoque opportunitas adjungatur, ut in iis ipsis locis adsit, ut

coeur, d'aussi nombreux, d'aussi éclatants succès, que ceux qu'ils ont
prodigués d'eux-mêmes à Pompée. Puisse ce bonheur ne l'aban-
donner jamais, Romains ! Aussi bien pour le salut de l'État que pour
Pompée lui-même, vous devez le vouloir et le demander aux dieux,
et c'est ce que vous faites.

En résumé, puisque la guerre est tellement indispensable qu'on ne
saurait la différer, tellement grave qu'elle réclame tous nos soins,
et que vous pouvez en charger un général qui se distingue par une
connaissance profonde de l'art militaire, par une valeur extraordinaire,
par une réputation brillante, par un bonheur rare, hésiterez-vous,
Romains, à consacrer au salut et à l'agrandissement de l'empire cet
insigne présent que les dieux vous ont offert et vous ont accordé ?

XVII. Cn. Pompée vivrait aujourd'hui à Rome en simple particulier, que vous devriez encore le choisir et l'envoyer pour conduire
une guerre si importante ; mais, puisqu'aux autres avantages que
j'ai cités se joint cette heureuse circonstance qu'il est sur les lieux

a diis immortalibus	aux dieux immortels
tot et tantas res	tant et de si-grandes choses
quot et quantas	que-nombreuses et grandes
dii immortales	les dieux immortels
detulerunt	en ont accordé
ad Cn. Pompeium.	à Cn. Pompée.
Quod	Laquelle chose
debetis velle et optare,	vous devez vouloir et souhaiter,
Quirites, sicuti facitis,	Romains, comme vous le faites,
ut sit proprium illi	qu'elle soit propre à lui
ac perpetuum,	et durable,
quum causa	tant à cause
salutis communis	du salut commun
atque imperii,	et de l'empire,
tum hominis ipsius.	qu'à cause de l'homme lui-même.
Quare,	C'est-pourquoi,
quum et bellum	puisque et cette guerre
sit ita necessarium,	est si nécessaire,
ut non possit negligi	qu'elle ne peut être négligée,
ita magnum,	si grande
ut administrandum sit	qu'elle doit être conduite
accuratissime,	très-soigneusement,
et quum possitis	et que vous pouvez
præficere ei imperatorem	mettre-à-la-tête d'elle un général
in quo sit	en qui soit
scientia eximia belli,	une science éminente de la guerre,
virtus singularis,	une valeur singulière,
auctoritas clarissima,	une réputation très-brillante,
fortuna egregia,	un bonheur remarquable,
dubitabitis, Quirites,	douterez-vous, Romains,
quin conferatis	que vous ne deviez-appliquer
in conservandam	à conserver
atque amplificandam rem-	et agrandir la république
hoc tantum boni [publicam	cette si-grande somme de bien
quod oblatum est	qui est offerte
et datum vobis	et donnée à vous
a diis immortalibus?	par les dieux immortels?
XVII. Quod si	XVII. Que si
Cn. Pompeius,	Cn. Pompée
esset hoc tempore	était en ce temps-ci
privatus Romæ,	simple-particulier à Rome,
tamen is erat deligendus	cependant il serait devant être choisi
atque mittendus	et devant être envoyé
ad tantum bellum.	pour une si grande guerre.
Nunc,	Maintenant,
quum hæc opportunitas	puisque cette commodité
adjungatur quoque	se joint encore

habeat exercitum, ut ab iis qui habent accipere statim possit, quid exspectamus? aut cur non, ducibus diis immortalibus, eidem, cui cetera summa cum salute reipublicæ commissa sunt, hoc quoque bellum regium committimus?

At enim vir clarissimus, amantissimus reipublicæ, vestris beneficiis amplissimis affectus, Q. Catulus, itemque summis ornamentis honoris, fortunæ, virtutis, ingenii præditus, Q. Hortensius, ab hac ratione dissentiunt: quorum ego auctoritatem apud vos multis locis plurimum valuisse et valere oportere confiteor; sed in hac causa, tametsi cognoscitis auctoritates contrarias virorum fortissimorum et clarissimorum, tamen, omissis auctoritatibus, ipsa re et ratione exquirere possumus veritatem; atque hoc facilius, quod ea omnia, quæ adhuc a me dicta sunt, iidem isti vera esse concedunt, et necessarium bellum esse et magnum, et in uno Cn. Pom-

mêmes, qu'il commande une armée, et qu'il peut y joindre tout de suite les secours des chefs qui ont là des troupes, qu'attendons-nous, et pourquoi ne pas se hâter, sous les auspices des dieux, de confier cette guerre contre les deux rois à l'homme que nous avons chargé, si heureusement pour la république, de tant de missions importantes?

Mais, dira-t-on, un homme d'un éminent mérite, dévoué de cœur à sa patrie, et qui a été de votre part l'objet de grandes distinctions, Q. Catulus, n'est pas de cet avis; Q. Hortensius, personnage recommandable par ses dignités, sa fortune, son mérite, ses talents, s'y oppose également: je reconnais qu'en bien des circonstances leur autorité auprès de vous a été grande et devait l'être; mais, dans l'affaire qui nous occupe, bien que vous connaissiez d'autres hommes courageux et distingués dont je pourrais citer l'opinion contraire, laissons de côté l'autorité de part et d'autre, et recherchons la vérité d'après les faits et à l'aide de la raison: cela sera d'autant plus facile que nos adversaires conviennent eux-mêmes de tout ce que je vous ai dit jusqu'ici, savoir que la guerre est nécessaire, qu'elle

ad ceteras utilitates summas,	aux autres avantages très-grands,
ut adsit in iis locis ipsis,	qu'il est présent dans ces lieux mêmes,
ut habeat exercitum,	qu'il a une armée,
ut possit accipere statim	qu'il peut recevoir aussitôt *des forces*
ab iis qui habent,	de ceux qui *en* ont,
quid exspectamus ?	qu'attendons-nous ?
aut cur,	ou pourquoi,
diis immortalibus ducibus,	les dieux immortels *étant* guides,
non committimus quoque	ne confions-nous pas aussi
hoc bellum regium	cette guerre contre-les-rois
eidem,	à ce-même *homme*,
cui cetera summa	à qui d'autres *missions* très-grandes
commissa sunt	ont été confiées
cum salute reipublicæ ?	avec salut de (pour) la république ? [tre,
At enim vir clarissimus,	Mais à la vérité un homme très-illus-
amantissimus reipublicæ,	très-ami de la république,
affectus vestris beneficiis	comblé de vos bienfaits
amplissimis,	les plus considérables,
Q. Catulus,	Q. Catulus,
itemque Q. Hortensius,	et de même Q. Hortensius,
præditus	doué
summis ornamentis	des plus hautes distinctions
honoris, fortunæ,	d'honneur, de fortune,
virtutis, ingenii,	de vertu, de génie,
dissentiunt ab hac ratione :	diffèrent de ce sentiment :
quorum ego confiteor	desquels je reconnais
auctoritatem	l'autorité
valere plurimum apud vos	pouvoir beaucoup auprès de vous
multis locis	en beaucoup de circonstances
et oportere valere ;	et devoir pouvoir *beaucoup ;*
sed in hac causa,	mais dans cette question,
tametsi cognoscitis	bien que vous connaissiez
auctoritates	les autorités
virorum fortissimorum	d'hommes très-courageux
et clarissimorum	et très-illustres
contrarias, tamen,	*être* contraires, cependant,
auctoritatibus omissis,	*ces* autorités étant laissées-de-côté,
possumus	nous pouvons
exquirere veritatem	rechercher la vérité
re ipsa et ratione ,	par le fait même et la raison,
atque hoc facilius,	et par cela (d'autant) plus facilement,
quod iidem isti	que ces mêmes hommes
concedunt omnia ea	concèdent tous ces *faits*
quæ dicta sunt adhuc a me	qui ont été dits jusqu'ici par moi,
esse vera, bellum	être vrais, la guerre
esse et necessarium	être et nécessaire

4.

peio summa esse omnia. Quid igitur ait Hortensius? si uni
omnia tribuenda sint, unum dignissimum esse Pompeium ;
sed ad unum tamen omnia deferri non oportere. Obsolevit jam
ista oratio, re multo magis quam verbis refutata. Nam tu
idem, Quinte Hortensi, multa, pro tua summa copia ac singulari facultate dicendi, et in senatu contra virum fortem
A. Gabinium graviter ornateque dixisti, quum is de uno imperatore contra prædones constituendo legem promulgasset,
et ex hoc ipso loco permulta item contra legem eam verba
fecisti. Quid? tum, per deos immortales, si plus apud populum Romanum auctoritas tua quam ipsius populi Romani
salus et vera causa valuisset, hodie hanc gloriam atque hoc
orbis terræ imperium teneremus? an tibi tum imperium esse
hoc videbatur, quum populi Romani legati, prætores quæsto-

est importante, et que Pompée réunit tous les talents au plus haut
degré. Que dit donc Q. Hortensius? que, s'il faut tout mettre entre
les mains d'un seul homme, Pompée est le plus digne d'être choisi,
mais qu'il ne faut pas tout mettre entre les mains d'un seul homme.
C'est là un langage usé et réfuté plus encore par les faits que par
mes paroles. C'est vous aussi, Q. Hortensius, qui, avec votre admi-
rable et féconde éloquence, avez prononcé en plein sénat contre Gabinius, citoyen courageux, un discours aussi solide que séduisant,
quand il proposa une loi qui chargeait Pompée seul du commandement contre les pirates; du haut de cette même tribune, vous avez
aussi parlé longuement contre cette proposition. Or, au nom des
dieux, si, dans cette circonstance, votre autorité l'eût emporté aux
yeux du peuple romain sur le salut de Rome et sur la vérité, au-
rions-nous encore aujourd'hui notre gloire et l'empire du monde?
Vous semblait-il que nous l'eussions, cet empire, quand les pirates
s'emparaient des ambassadeurs, des préteurs, des questeurs du peu-

et magnum,	et grande,
et omnia esse summa	et tout être éminent
in Cn. Pompeio uno.	dans Cn. Pompée seul.
Quid ait igitur Hortensius?	Que dit donc Hortensius?
si omnia	si toutes choses
tribuenda sint uni,	devaient être remises à un-seul,
Pompeium unum	Pompée seul
esse dignissimum;	être le plus digne;
sed tamen non oportere	mais cependant ne falloir pas
omnia deferri ad unum.	toutes choses être déférées à un seul.
Jam ista oratio obsolevit,	Déjà un tel langage est passé-de-mode,
refutata multo magis re	réfuté beaucoup plus par le fait
quam verbis.	que par les paroles.
Nam tu idem,	Car toi le même (aussi),
Q. Hortensi,	Q. Hortensius,
et dixisti multa	et tu as dit beaucoup de choses
in senatu	dans le sénat
graviter ornateque,	avec-poids et avec-grâce,
pro tua copia summa	d'après ton abondance très-grande
ac facultate singulari	et ton talent singulier
dicendi,	de parler,
contra virum fortem,	contre un homme courageux,
A. Gabinium,	A Gabinius,
quum is	lorsque celui-ci
promulgasset legem	eut proposé la loi
de uno imperatore	touchant un seul général
constituendo	devant-être-nommé
contra prædones,	contre les pirates,
et fecisti item	et tu as fait (prononcé) de même
permulta verba	beaucoup-de paroles
ex hoc loco ipso	de ce lieu même
contra eam legem.	contre cette loi.
Quid? per deos immortales,	Quoi? par les dieux immortels,
si tum tua auctoritas	si alors ton autorité
valuisset	eût eu de-l'influence
apud populum Romanum	auprès du peuple romain
plus quam salus	plus que le salut
populi Romani ipsius	du peuple romain lui-même
et vera causa,	et la vraie question,
teneremus hodie	conserverions-nous aujourd'hui
hanc gloriam	cette gloire
atque hoc imperium	et cet empire
orbis terræ?	du cercle de la terre (du monde)?
an videbatur tibi	ou semblait-il à toi
hoc esse imperium,	cela être un empire,
tum quum legati	alors que des ambassadeurs
populi Romani,	du peuple romain,

resque capiebantur, quum ex omnibus provinciis commeatu et
privato et publico prohibebamur, quum ita clausa erant nobis
omnia maria, ut neque privatam rem transmarinam, neque
publicam jam obire possemus?

XVIII. Quæ civitas antea unquam fuit, non dico Atheniensium, quæ satis late quondam mare tenuisse dicitur; non
Carthaginiensium, qui permultum classe maritimisque rebus
valuerunt; non Rhodiorum, quorum usque ad nostram memoriam disciplina navalis et gloria remansit : quæ civitas unquam antea tam tenuis, quæ tam parva insula fuit, quæ non
portus suos, et agros, et aliquam partem regionis atque oræ
maritimæ per se ipsa defenderet? At, hercle, aliquot annos
continuos ante legem Gabiniam ille populus Romanus, cujus
usque ad nostram memoriam nomen invictum in navalibus
pugnis permanserat, magna ac multo maxima parte non modo
utilitatis, sed dignitatis atque imperii, caruit. Nos, quorum

ple romain? quand les communications, tant privées que publiques,
avec toutes nos provinces, étaient interrompues? quand toutes les
mers nous étaient si bien fermées que nous ne pouvions entreprendre
aucun voyage, ni pour nous-mêmes, ni pour la république?

XVIII. Y eut-il jamais un État (je ne parle pas d'Athènes, qui
posséda, dit-on, jadis des forces maritimes assez considérables; je ne
parle pas de Carthage, qui fut si puissante par sa flotte et son commerce; je ne parle pas des Rhodiens, dont l'habileté et la gloire navale subsistent encore), y eut-il jamais, dis-je, un État si faible, une
île si petite, qui ne pût défendre par elle-même ses ports, son territoire et une partie des côtes? Eh bien! pendant plusieurs années
de suite, avant la loi Gabinia, ce peuple romain, dont le nom, jusqu'à présent, était resté celui d'un peuple invincible sur mer, s'est
vu privé de la plus grande partie non-seulement de ses revenus, mais
même de sa dignité et de son empire. Nous, dont les ancêtres batti-

prætores quæstoresque capiebantur, quum prohibebamur commercio et privato et publico ex omnibus provinciis, quum omnia maria erant ita clausa nobis, ut possemus jam obire rem neque privatam neque publicam transmarinam ?

des préteurs et des questeurs étaient pris, que nous étions privés de communication et particulière et publique de toutes les provinces, que toutes les mers étaient tellement fermées pour nous que nous ne pouvions plus entreprendre une affaire ni particulière ni publique d'outre-mer ?

XVIII. Quæ civitas fuit unquam antea, non dico Atheniensium, quæ dicitur tenuisse mare quondam satis late ; non Carthaginiensium, qui valuerunt permultum classe et rebus maritimis ; non Rhodiorum, quorum disciplina navalis et gloria remansit [riam : usque ad nostram memo-quæ civitas fuit unquam antea tam tenuis, quæ insula tam parva, quæ non defenderet ipsa per se suos portus, et agros, et aliquam partem regionis atque oræ maritimæ ? At, hercle, aliquot annos continuos ante legem Gabiniam, ille populus Romanus, cujus nomen remanserat invictum [riam usque ad nostram memo-in pugnis navalibus, caruit parte magna ac multo maxima non modo utilitatis, sed dignitatis atque imperii.

XVIII. Quelle ville fut jamais auparavant, je ne dis pas *celle* des Athéniens, qui est dite avoir occupé (dominé sur) la mer jadis assez au loin ; ni *celle* des Carthaginois, qui purent beaucoup par leur flotte et leurs forces maritimes ; ni *celle* des Rhodiens, dont le talent naval et la gloire a duré jusqu'à notre mémoire (époque) : quelle ville fut jamais auparavant si faible, quelle île si petite, qui ne défendît elle-même par elle-même ses ports, et *ses* champs, et quelque partie du territoire et de la côte maritime ? Mais, par Hercule, *pendant* quelques années consécutives avant la loi Gabinia, ce peuple romain, dont le nom était demeuré invincible jusqu'à notre mémoire (époque) dans les combats de-vaisseaux, a été privé d'une partie grande et de beaucoup la plus grande non-seulement de *son* avantage, mais de *sa* dignité et de *son* empire.

majores Antiochum regem classe. Perseuque ¹ superarunt,
omnibusque navalibus pugnis Carthaginienses, homines in
maritimis rebus exercitatissimos paratissimosque, vicerunt, ii
nullo in loco jam prædonibus pares esse poteramus. Nos quoque, qui antea non modo Italiam tutam habebamus, sed
omnes socios in ultimis oris auctoritate nostri imperii salvos
præstare poteramus, tum quum insula Delos, tam procul a
nobis in Ægæo mari posita, quo omnes undique cum mercibus
atque oneribus commeabant, referta divitiis, parva, sine
muro, nihil timebat; iidem non modo provinciis, atque oris
Italiæ maritimis, ac portubus nostris, sed etiam Appia jam
via ² carebamus : et his temporibus non pudebat magistratus
populi Romani in hunc ipsum locum escendere, quum eum
vobis majores vestri exuviis nauticis et classium spoliis orna-
tum reliquissent ³ !

rent sur mer Antiochus et Persée, et vainquirent dans toutes les batailles navales les Carthaginois, le peuple du monde le plus exercé
et le mieux partagé en fait de forces maritimes, nous ne pouvions,
sur aucun point, tenir tête aux pirates. Nous qui, précédemment,
non-seulement protégions l'Italie, mais pouvions, par notre influence,
faire respecter nos alliés sur les côtes les plus lointaines; quand l'île
de Délos, située si loin de nous dans la mer Égée, où abordaient de
toutes parts les navigateurs avec leurs marchandises et leurs cargai-
sons, quand Délos, regorgeant de richesses, bien que fort petite et
sans murailles, ne craignait rien ; nous, dis-je, nous nous voyions
interdire le passage non-seulement dans nos provinces, sur toutes
les côtes de l'Italie et dans nos ports, mais même sur la voie Appienne, et, à ce moment-là même, des magistrats du peuple romain
ne rougissaient pas de monter à cette tribune, que vos pères vous
avaient laissée ornée de dépouilles navales et de débris des flottes
ennemies !

Nos, quorum majores	Nous, dont les ancêtres
superarunt classe	vainquirent avec une flotte
regem Antiochum	le roi Antiochus
Persenque,	et Persée,
viceruntque	et vainquirent
omnibus prœliis navalibus	dans toutes les batailles navales
Carthaginienses,	les Carthaginois,
homines exercitatissimos	hommes très-exercés
paratissimosque	et très-bien-équipés
in rebus maritimis,	dans les choses maritimes,
ii pöteramus jam	ceux-ci (nous) nous ne pouvions plus
in nullo loco	en aucun lieu
esse pares prædonibus.	être égaux (tenir tête) aux pirates.
Nos quoque, qui antea	Nous aussi, qui auparavant
non modo habebamus	non-seulement avions (rendions)
Italiam tutam,	l'Italie sûre,
sed poteramus	mais pouvions
præstare salvos	rendre saufs
omnes socios	tous *nos* alliés
in oris ultimis	sur les rives les plus lointaines
auctoritate nostri imperii,	par l'autorité de notre empire,
tum quum insula Delos,	alors que l'île *de* Délos,
posita tam procul a nobis	placée si loin de nous
in mari Ægeo,	dans la mer Égée,
quo omnes	où tous
commeabant undique	abordaient de-toutes-parts
cum mercibus	avec des marchandises
atque oneribus,	et des cargaisons,
referta divitiis,	remplie de richesses,
parva, sine muro,	petite, sans mur,
timebat nihil ;	*ne* craignait rien,
iidem carebamus	les mêmes (nous) nous étions privés
non modo provinciis	non-seulement des provinces
atque oris maritimis	et des côtes maritimes
Italiæ,	de l'Italie,
ac nostris portubus,	et de nos ports,
sed etiam jam viaAppia :	mais même déjà de la voie Appienne :
et his temporibus	et dans ces temps
non pudebat	honte-n'était point
magistratus	aux magistrats
populi Romani	du peuple romain
escendere	de monter
in hunc locum ipsum,	à ce lieu même (la tribune),
quum vestri majores	quand vos ancêtres
reliquissent eum vobis	avaient laissé lui à vous
ornatum exuviis nauticis	orné de dépouilles navales
et spoliis navium !	et de trophées de vaisseaux !

XIX. Bono te animo tum, Q. Hortensi, populus Romanus, et ceteros qui erant in eadem sententia, dicere existimavit ea quæ sentiebatis; sed tamen in salute communi idem populus Romanus dolori suo maluit quam auctoritati vestræ obtemperare. Itaque una lex, unus vir, unus annus, non modo nos illa miseria ac turpitudine liberavit, sed etiam effecit ut aliquando vere videremur omnibus gentibus ac nationibus terra marique imperare. Quo mihi etiam indignius videtur obtrectatum esse adhuc (Gabinio dicam, anne Pompeio, an utrique? id quod est verius) ne legaretur A. Gabinius Cn. Pompeio expetenti ac postulanti. Utrum ille qui postulat legatum ad tantum bellum, quem velit, idoneus non est qui impetret, quum ceteri ad expilandos socios diripiendasque provincias, quos voluerunt, legatos eduxerint? an ipse, cujus lege salus ac dignitas populo

XIX. Dans cette circonstance, le peuple romain n'a point douté, Q. Hortensius, que vous n'eussiez de bonnes intentions en parlant ainsi, vous et tous ceux qui partageaient votre opinion; mais, quand il s'agissait du salut commun, ce même peuple a mieux aimé prendre conseil de sa douleur que de se rendre à votre autorité. Ainsi une seule loi, un seul homme, une seule année, non-seulement nous ont affranchis de tant de malheurs et de tant de honte, mais nous ont enfin fait paraître sur terre et sur mer comme les véritables maîtres de tous les peuples, de toutes les nations. Aussi trouvé-je plus odieux encore l'affront fait, dirai-je à Gabinius ou à Pompée, ou, ce qui est plus exact encore, à tous les deux? d'avoir refusé Gabinius pour lieutenant à Pompée qui le désire et le demande. Le général qui, pour une guerre de cette importance, demande un lieutenant de son choix, n'est-il pas digne de l'obtenir, quand tous les autres ont emmené avec eux des hommes de leur choix pour aller dépouiller nos alliés et piller nos provinces? ou bien celui qui, par une loi, a assuré le salut et la dignité du peuple romain et de toutes

XIX. Populus Romanus	XIX. Le peuple romain
tum, Q. Hortensi,	alors, Q. Hortensius,
existimavit te,	a pensé toi,
et ceteros qui erant	et les autres qui étaient
in eadem sententia	dans le même avis,
dicere bono animo	dire avec une bonne intention
ea quæ sentiebatis	ce que vous pensiez;
sed tamen	mais cependant
in salute communi,	à-propos-du salut commun
idem populus Romanus	ce-même peuple romain
maluit obtemperare	a mieux-aimé obéir
suo dolori	à sa douleur
quam vestræ auctoritati	qu'à votre autorité.
Itaque una lex,	C'est-pourquoi une seule loi,
unus vir, unus annus	un seul homme, une seule année
non modo liberavit nos	non-seulement ont délivré nous
illa miseria ac turpitudine,	de cette misère et de *cette* honte,
sed etiam effecit	mais encore ont fait
ut aliquando	qu'enfin
videremur vere imperare	nous parussions vraiment commander
omnibus gentibus	à tous les peuples
ac nationibus	et à *toutes* les nations
terra marique.	*sur* terre et *sur* mer.
Quo videtur etiam mihi	Par quoi il semble même à moi
obtrectatum esse	avoir été fait-opposition
adhuc indignius	encore plus indignement
(dicam Gabinio,	(dirai-je à Gabinius
anne Pompeio,	ou à Pompée,
an utrique?	ou à l'un-et-l'autre?
id quod est verius	ce qui est plus vrai)
ne A. Gabinius	pour qu'A. Gabinius
legaretur Cn. Pompeio	ne fût pas adjoint à Cn. Pompée
expetenti ac postulanti.	*le* désirant et *le* demandant.
Utrum ille,	Est-ce-que celui-ci,
qui postulat legatum	qui demande pour lieutenant
quem velit	qui il veut
ad tantum bellum,	pour une si-grande guerre,
non est idoneus	n'est pas digne
qui impetret,	qui l'obtienne (de l'obtenir);
quum ceteri,	quand les autres,
ad expilandos socios	pour piller les alliés
diripiendasque provincias,	et ravager les provinces,
eduxerint legatos	ont emmené *pour* lieutenants
quos voluerunt?	ceux qu'ils ont voulu?
an ipse,	ou-bien *celui* même,
lege cujus	par la loi de qui
salus ac dignitas	le salut et la dignité

Romano atque omnibus gentibus constituta est, expers esse
debet gloriæ ejus imperatoris atque ejus exercitus, qui consilio ipsius atque periculo est constitutus? An C. Falcidius,
Q. Metellus, Q. Cœlius Latiniensis, Cn. Lentulus, quos omnes
honoris causa nomino, quum tribuni plebis fuissent, anno
proximo legati esse potuerunt; in hoc uno Gabinio sunt tam
diligentes, qui in hoc bello quod lege Gabinia geritur, in hoc
imperatore atque exercitu quem per vos ipse constituit, etiam
præcipuo jure esse deberet? De quo legando spero consules ad
senatum relaturos. Qui si dubitabunt aut gravabuntur, ego me
profiteor relaturum ; neque me impediet cujusquam, Quirites,
inimicum edictum, quominus fretus vobis vestrum jus benefi-
ciumque defendam; neque præter intercessionem quidquam
audiam : de qua, ut arbitror, isti ipsi, qui minantur, etiam
atque etiam quid liceat considerabunt. Mea quidem sententia,

les nations, doit-il être privé de partager la gloire du chef et de
l'armée qui ont été choisis par ses conseils et à ses risques? Eh
quoi! C. Falcidius, Q. Métellus, Q. Célius Latiniensis, Cn. Lentulus, que je cite tous avec respect, ont bien pu, après avoir été tribuns du peuple, devenir lieutenants l'année suivante; et l'on
n'affiche de tels scrupules qu'à propos de Gabinius, qui, dans une
guerre entreprise d'après la loi Gabinia, avec un général et une armée qu'il a obtenus de vous, devrait être préféré à tout autre? J'espère
bien que les consuls soumettront cette affaire au sénat; s'ils hésitent
ou qu'ils ne le fassent qu'avec peine, je déclare que je ferai moi-
même une proposition. Et nul ne saurait m'empêcher, Romains, par
un édit inique, de défendre, avec votre aide, vos droits et votre bienfait; je ne reculerai que devant l'opposition des tribuns; et, quant à
cette opposition, ceux mêmes qui nous en menacent examineront
plus d'une fois jusqu'où vont leurs droits. Suivant moi, Romains,

constituta est	ont été assurés
populo Romano	au peuple romain
atque omnibus gentibus, .	et à toutes les nations,
debet esse expers	doit-il être ne-prenant-pas-part
gloriæ ejus imperatoris	à la gloire de ce général
atque ejus exercitus,	et de cette armée,
qui constitutus est	qui ont été établis
consilio	par le conseil
atque periculo ipsius?	et le danger de lui-même ?
An C. Falcidius,	Est-ce-que, *tandis que* Falcidius,
Q. Metellus,	Q. Métellus,
Q. Cœlius Latiniensis,	Q. Célius Latiniensis,
Cn. Lentulus,	Cn. Lentulus,
quos nomino omnes	que je nomme tous
causa honoris,	par honneur,
quum fuissent	après qu'ils eurent été
tribuni plebis,	tribuns du peuple,
potuerunt esse legati	ont pu être lieutenants
anno proximo;	l'année suivante ;
sunt tam diligentes	*et* ils sont (on est) si scrupuleux
in hoc Gabinio uno,	pour ce Gabinius seul ,
qui deberet esse	qui devrait être
etiam jure præcipuo,	même dans le droit principal,
in hoc bello,	à-propos-de cette guerre,
quod geritur lege Gabinia,	qui se fait par la loi Gabinia,
in hoc imperatore	à-propos-de ce général
atque exercitu ,	et de *cette* armée,
quem constituit ipse per se?	qu'il a établi lui-même par lui-même ?
Spero consules	J'espère les consuls
relaturos ad senatum	devoir faire-un-rapport au sénat [nant.
de quo legando.	sur lui devant être envoyé-comme-lieute-
Qui si dubitabunt	Lesquels s'ils hésitent
aut gravabuntur,	ou se montrent-contrariés,
ego profiteor me relaturum;	je déclare moi devoir faire-un-rapport ;
neque edictum inimicum	et l'édit ennemi (injuste)
cujusquam	de qui-que-ce-soit
impediet me	ne m'empêchera pas
quominus , fretus vobis ,	que, appuyé-sur vous,
defendam vestrum jus	je défende votre droit
et beneficium ;	et *votre* bienfait;
neque audiam quidquam ,	et je n'écouterai quoi-que-ce-soit,
præter intercessionem :	hormis l'opposition *des tribuns :*
de qua, ut arbitror,	à-propos-de laquelle, comme je pense,
isti ipsi qui minantur	ceux-là mêmes qui menacent
considerabunt	considéreront
etiam atque etiam	encore et encore (plus d'une fois)
quid liceat.	ce qui est-permis.

Quirites, unus A. Gabinius, belli maritimi rerumque gestarum
auctor, comes Cn. Pompeio adscribitur, propterea quod alter
uni id bellum suscipiendum vestris suffragiis detulit, alter
delatum susceptumque confecit.

XX. Reliquum est ut de Q. Catuli auctoritate et sententia
dicendum esse videatur; qui quum ex vobis quæreret, si in
uno Cn. Pompeio omnia poneretis, si quid eo factum esset [1]
in quo spem essetis habituri, cepit magnum suæ virtutis fructum ac dignitatis, quum omnes, prope una voce, in eo ipso
vos spem habituros esse dixistis. Etenim talis est vir, ut nulla
res tanta sit ac tam difficilis, quam ille non et consilio regere,
et integritate tueri, et virtute conficere possit. Sed in hoc ipso
ab eo vehementissime dissentio, quod, quo minus certa est
hominum ac minus diuturna vita, hoc magis respublica, dum
per deos immortales licet, frui debet summi hominis vita atque
virtute.

A. Gabinius, auteur de la guerre navale et des succès qui l'ont sui-
vie, est le seul homme qu'on puisse adjoindre à Cn. Pompée, puisque
l'un de ces deux personnages a obtenu de vous que cette guerre fût
confiée à un seul général, et que l'autre, après l'avoir entreprise,
l'a menée à fin.

XX. Il me reste à parler de l'autorité et de l'opinion de Q. Catulus. Quand il vous disait : Si vous mettez tous les pouvoirs aux
mains de Pompée et qu'il lui arrive quelque malheur, en qui placerez-
vous votre confiance ? il a recueilli un fruit bien glorieux de sa valeur et de son mérite ; car vous lui avez répondu tous à peu près
d'une voix : « C'est sur vous, Catulus, que nous compterons. » C'est,
en effet, un illustre citoyen, et il n'est point d'affaire si grave, si
difficile, qu'il ne puisse diriger par sa prudence, soutenir par son intégrité et mener à fin par sa valeur. Mais je suis loin de partager cette
fois son sentiment ; plus l'existence de l'homme est courte et incer-
taine, plus la république, tant que les dieux le permettent, doit jouir
de la vie et du mérite d'un homme supérieur.

Mea quidem sententia,
Quirites,
A. Gabinius unus,
auctor belli maritimi
rerumque gestarum,
adscribitur comes
Cn. Pompeio ;
propterea quod alter
detulit uni
vestris suffragiis
id bellum suscipiendum,
alter confecit
delatum et susceptum.

XX. Est reliquum
ut videatur dicendum esse
de auctoritate
et sententia Q. Catuli, qui,
quum quæreret ex vobis,
si poneretis omnia
in Cn. Pompeio uno,
si quid factum esset eo,
in quo
habituri essetis spem,
cepit magnum fructum
suæ virtutis ac dignitatis,
quum prope omnes
dixistis una voce
vos habituros esse spem
in eo ipso.
Etenim vir est talis,
ut nulla res sit tanti
et tam difficilis,
quam ille non possit
et regere consilio,
et tueri integritate,
et conficere virtute.
Sed dissentio ab eo
vehementissime
in hoc ipso quod,
quo vita hominum
est minus certa
ac minus diuturna,
magis hoc respublica,
dum licet
per deos immortales,
debet frui vita atque virtute
hominis summi.

A mon avis à la vérité,
Romains,
A. Gabinius seul,
conseiller de la guerre navale
et des exploits accomplis,
est adjoint *pour* compagnon
à Cn. Pompée ;
parce que l'un
a confié à un seul
avec vos suffrages
cette guerre à-entreprendre,
l'autre a achevé
la guerre confiée et entreprise.

XX. Il est restant (il reste)
qu'il semble devoir être parlé
de l'autorité
et de l'avis de Q. Catulus, qui,
comme il demandait à vous,
si vous placiez tout
sur Cn. Pompée seul,   [rivait à) lui,
si quelque chose arrivait de (malheur ar-
en qui
vous auriez espérance,
a recueilli un grand fruit
de son mérite et de *sa* dignité,
quand presque tous
vous avez dit d'une voix
vous devoir avoir espérance
en lui-même.
En effet l'homme est tel,
qu'aucune affaire n'est d'un si-grand *prix*
et si difficile,
qu'il ne puisse
et diriger par *sa* prudence,
et soutenir par *son* intégrité,
et achever par *son* courage.
Mais je diffère de lui
très-fortement
en cela même que,
d'autant la vie des hommes
est moins certaine
et moins longue,
plus pour cela la république,
pendant qu'il est permis
par les dieux immortels,
doit jouir de la vie et du talent
d'un homme éminent.

At enim nihil novi fiat contra exempla atque instituta ma-
jorum. Non dico hoc loco majores nostros semper in pace
consuetudini, in bello utilitati paruisse; semper ad novos
casus temporum novorum consiliorum rationes accommo-
dasse; non dicam duo bella maxima, Punicum et Hispaniense,
ab uno imperatore esse confecta, duasque urbes potentissi-
mas, quæ huic imperio maxime minabantur, Carthaginem
atque Numantiam, ab eodem Scipione [1] esse deletas; non
commemorabo nuper ita vobis patribusque vestris esse visum
ut in uno C. Mario spes imperii poneretur, ut idem cum Jugurtha, idem cum Cimbris, idem cum Teutonis bellum admini-
straret. In ipso Cn. Pompeio, in quo novi constitui nihil vult
Q. Catulus, quam multa sint nova, summa Q. Catuli volun-
tate, constituta recordamini.

XXI. Quid enim tam novum quam adolescentulum privatum exercitum difficili reipublicæ tempore conficere? confecit:

Mais, dit Catulus, n'admettons point d'innovation contraire aux
institutions et aux exemples de nos ancêtres. Je ne répondrai pas à
ce propos que toujours nos ancêtres ont obéi, en temps de paix, aux
usages, mais qu'en temps de guerre ils ont consulté l'intérêt public;
que toujours dans des conjonctures nouvelles ils ont adopté des plans
nouveaux; je ne dirai pas que deux guerres fort considérables, la
guerre d'Espagne et la guerre Punique, ont été terminées par un seul
général; que deux villes puissantes, les plus terribles ennemies de
Rome, Carthage et Numance, ont été détruites par le même Scipion;
je ne vous rappellerai pas que, naguère encore, vos pères et vous
avez jugé à propos de mettre toutes les espérances de la république
entre les mains de Marius seul, de telle sorte qu'il fît seul la guerre
à Jugurtha, aux Cimbres, aux Teutons; songez seulement à Pompée
lui-même, pour qui Catulus ne veut point d'innovations, rappelez-
vous combien de choses nouvelles vous avez faites pour lui, avec l'ap
probation sans réserve de Q. Catulus.

XXI. Quoi de plus nouveau, en effet, que de voir un jeune homme,
simple particulier, lever une armée dans les circonstances les plus

At enim, inquit,	Mais en effet, dit-il,
nihil novi fiat	que rien de nouveau ne se fasse
contra exempla	contre les exemples
atque instituta majorum.	et les institutions *de nos* ancêtres.
Non dico hoc loco	Je ne dis point en ce lieu
nostros majores	nos ancêtres
semper paruisse in pace	toujours avoir obéi dans la paix
consuetudini,	à la coutume,
in bello utilitati;	dans la guerre à l'utilité;
semper accommodasse	toujours avoir adapté
rationes	des plans
novorum consiliorum	de nouvelles résolutions
ad novos casus temporum;	à de nouvelles circonstances de temps;
non dicam	je ne dirai pas
duo bella maxima	deux guerres très-grandes
Punicum et Hispaniense,	*celle* de-Carthage et *celle* d'-Espagne
confecta esse	avoir été achevées
ab uno imperatore,	par un seul général,
duas urbes potentissimas,	deux villes très-puissantes,
quæ minabantur maxime	qui menaçaient le plus
huic imperio,	cet empire,
Carthaginem	Carthage
atque Numantiam,	et Numance,
deletas esse	avoir été détruites
ab eodem Scipione;	par le même Scipion;
non commemorabo	je ne rappellerai pas
nuper visum esse	naguère avoir paru-bon
vobis vestrisque patribus	à vous et à vos pères,
ut spes imperii poneretur	que l'espoir de l'empire fût mis
in C. Mario uno,	en C. Marius seul,
ita ut idem administraret	de-telle-sorte que le même dirigeait
bellum cum Jugurtha,	la guerre avec Jugurtha,
idem cum Cimbris,	le même *la guerre* avec les Cimbres,
idem cum Teutonis.	le même *la guerre* avec les Teutons.
Recordamini	Rappelez-vous [les
quam multa nova	combien nombreuses des choses nouvel-
constituta sint,	ont été établies
voluntate summa Q. Catuli,	avec la bonne-volonté très-grande de Q.
in Cn. Pompeio ipso,	pour Cn. Pompée lui-même, [Catulus,
in quo Q. Catulus	pour qui Q. Catulus
vult nihil novi constitui.	veut rien de nouveau n'être établi
XXI. Quid enim	XXI. Quoi en effet
tam novum	de si nouveau
quam adolescentulum,	que *de voir* un jeune homme,
privatum,	simple-particulier,
conficere exercitum	compléter (lever) une armée
tempore difficili	dans un temps difficile

huic præesse? præfuit: rem optime ductu suo gerere? gessit.
Quid tam præter consuetudinem quam homini peradolescenti,
cujus a senatorio gradu ætas longe abesset, imperium atque
exercitum dari, Siciliam permitti atque Africam, bellumque
in ea administrandum? Fuit in his provinciis singulari innocentia, gravitate, virtute; bellum in Africa maximum confecit, victorem exercitum deportavit. Quid vero tam inauditum quam equitem Romanum triumphare? at eam quoque
rem populus Romanus non modo vidit, sed etiam studio omni
visendam et concelebrandam putavit. Quid tam inusitatum
quam ut, quum duo consules clarissimi fortissimique essent,
eques Romanus ad bellum maximum formidolosissimumque
pro consule mitteretur? missus est. Quo quidem tempore,
quum esset nonnemo in senatu qui diceret non oportere mitti
hominem privatum pro consule, L. Philippus dixisse dicitur:

difficiles pour la république? Pompée en a levé une; de le voir la
commander? il l'a commandée; diriger la guerre avec succès? il
l'a fait aussi. Quoi de plus extraordinaire que de voir un homme
si jeune, bien éloigné de l'âge requis pour être sénateur, chargé
du commandement d'une armée? de lui voir confier la Sicile,
l'Afrique et les guerres qu'il fallait y soutenir? Il s'est montré dans
ces provinces d'une intégrité, d'une sagesse, d'une valeur admi-
rables; il a terminé en Afrique une guerre importante, et a ramené
son armée victorieuse. Quoi de plus inouï que de voir un chevalier
romain honoré du triomphe? Or, le peuple romain n'a pas seulement
été témoin de ce spectacle, mais il a cru devoir y courir et y applau-
dir avec le plus grand empressement. Quoi de plus contraire aux
usages que de charger un chevalier romain, plutôt qu'un consul,
d'une guerre terrible et des plus importantes, quand il y avait deux
consuls d'un courage et d'une distinction rares? On l'en a pourtant
chargé. Et dans ce temps-là, comme quelques sénateurs disaient qu'il
ne fallait pas envoyer un simple particulier tenir la place d'un con-

reipublicæ?	pour la république?
confecit :	il *l'*a complétée (levée) :
præesse huic?	*de le voir* commander cette *armée?*
præfuit :	il *l'*a commandée :
gerere rem optime	*de le voir* conduire l'entreprise très-bien
suo ductu?	par sa direction?
gessit. [dinem	il *l'*a conduite.
Quid tam præter consuetu-	Quoi de si contre la coutume
quam imperium	que *de voir* un commandement
atque exercitum dari	et une armée être donnés
homini peradolescenti,	à un homme extrêmement-jeune,
cujus ætas abesset longe	dont l'âge était loin
a gradu senatorio,	de la dignité sénatoriale,
Siciliam permitti	*de voir* la Sicile *lui* être confiée
atque Africam,	et l'Afrique,
bellumque	et la guerre
administrandum in ea?	devant être dirigée dans elle?
Fuit in his provinciis	Il a été dans ces provinces
innocentia, gravitate,	d'une intégrité, d'une sagesse,
virtute singulari;	d'une valeur singulière;
confecit bellum maximum	il a achevé la guerre la plus grande
in Africa,	en Afrique,
deportavit	il a ramené
exercitum victorem.	*son* armée victorieuse.
Quid vero tam inauditum	D'un-autre-côté quoi de si inouï
quam equitem Romanum	que *de voir* un chevalier romain
triumphare?	triompher?
at populus Romanus	or le peuple romain
non modo vidit	non-seulement a vu
eam rem quoque,	cette chose aussi,
sed etiam putavit	mais encore a pensé
visendam esse	*elle* devoir être vue
et concelebrandam	et applaudie
omni studio.	avec tout *le* zèle *possible.*
Quid tam inusitatum	Quoi de si inusité
quam ut eques Romanus	que *de voir* qu'un chevalier romain
mitteretur pro consule	fût envoyé au-lieu-d'un consul
ad bellum maximum	pour une guerre très-grande
formidolosissimumque,	et très-effrayante,
quum essent duo consules	quand il y avait deux consuls
clarissimi fortissimique?	très-illustres et très-courageux?
missus est.	il a été envoyé.
Quo tempore quidem,	A cette époque même,
quem nonnemo esset	comme quelques-uns étaient
in senatu	dans le sénat
qui diceret non oportere	qui disaient ne pas falloir
hominem privatum	qu'un homme simple-particulier

Non se illum sua sententia pro consule, sed pro consulibus mittere. Tanta in eo reipublicæ bene gerendæ spes constituebatur, ut duorum consulum munus unius adolescentis virtuti committeretur. Quid tam singulare quam ut ex senatusconsulto legibus solutus consul ante fieret, quam ullum alium magistratum per leges capere licuisset? quid tam incredibile quam ut iterum eques Romanus senatusconsulto triumpharet? Quæ in omnibus hominibus nova post hominum memoriam constituta sunt, ea tam multa non sunt, quam hæc quæ in hoc uno homine vidimus. Atque hæc tot exempla, tanta ac tam nova, profecta sunt in eumdem hominem a Q. Catuli atque a ceterorum ejusdem dignitatis amplissimorum hominum auctoritate.

XXII. Quare videant ne sit periniquum et non ferendum, illorum auctoritatem de Cn. Pompeii dignitate a vobis comprobatam semper esse; vestrum ab illis de eodem homine judi-

---

sul, L. Philippus s'écria, dit-on, que dans sa pensée Pompée allait remplacer non pas un consul, mais les deux consuls. Ainsi il inspirait de si belles espérances, qu'on lui confiait, malgré son âge, l'emploi des deux consuls. Quoi de plus singulier que de le voir dispensé d'obéir aux lois par un sénatus-consulte, et nommé consul avant l'âge où les lois lui eussent permis d'aspirer à toute autre magistrature? Quoi de plus incroyable qu'un sénatus-consulte décrétant un second triomphe pour un simple chevalier? Non, les innovations faites de mémoire d'homme pour qui que ce soit n'ont jamais été si nombreuses que celles dont Pompée seul a été l'objet. Et toutes ces distinctions, si brillantes, si neuves, ont été décrétées pour un même citoyen, de l'avis de Q. Catulus et de tous les personnages les plus illustres du même ordre.

XXII. Qu'ils prennent donc garde que ce ne soit de leur part une injustice et une tyrannie, quand vous avez approuvé tout ce qu'ils ont demandé pour la gloire de Pompée, de refuser leur assentiment

mitti pro consule,	être envoyé au-lieu d'un consul,
L. Philippus dicitur dixisse	L. Philippus est dit avoir dit
se, sua sententia,	lui; de son avis,
non mittere illum	ne pas envoyer celui-là (Pompée)
pro consule,	au-lieu-d'un consul,
sed pro consulibus.	mais au-lieu-des consuls.
Tanta spes	Un si-grand espoir
bene gerendæ reipublicæ	de bien gouverner la république
constituebatur in eo,	était mis en lui,
ut munus	que la fonction
duorum consulum	des deux consuls
committeretur virtuti	était confiée au mérite
unius adolescentis.	d'un seul adolescent.
Quid tam singulare	Quoi de si singulier
quam ut	que *de voir* que
solutus legibus	dispensé des lois
ex senatusconsulto	par un sénatusconsulte
fieret consul	il devînt consul
antequam licuisset	avant qu'il lui eût été-permis
per leges	par les lois
capere	de prendre (recevoir)
ullum alium magistratum?	aucune autre magistrature?
quid tam incredibile	quoi de si incroyable
quam ut eques Romanus	que *de voir* qu'un chevalier romain
triumpharet iterum	triomphât une-seconde-fois
ex senatusconsulto?	d'après un sénatusconsulte?
Ea	Ces choses
quæ constituta sunt nova	qui ont été établies nouvelles
in omnibus hominibus	pour tous les hommes
post memoriam hominum,	de mémoire d'hommes,
non sunt tam multa	ne sont pas si nombreuses
quam hæc quæ vidimus	que celles que nous avons vues
in hoc homine uno.	*établies* pour cet homme seul.
Atque hæc tot exempla,	Et ces si-nombreux exemples,
tanta ac tam nova,	si-grands et si nouveaux,
profecta sunt	sont partis *pour se porter*
in eumdem hominem	sur ce-même homme
ab auctoritate Q. Catuli	de l'autorité de Q. Catulus
atque ceterorum hominum	et des autres hommes
amplissimorum	les plus considérables
ejusdem dignitatis.	de la même dignité. [(prennent-garde)
XXII. Quare videant	XXII. C'est-pourquoi qu'ils voient
ne sit periniquum	qu'il ne soit fort-injuste
et non ferendum,	et non supportable
auctoritatem illorum	l'autorité de ceux-ci
de dignitate Cn. Pompeii	au-sujet-de la dignité de Cn. Pompée
comprobatam esse semper	avoir été approuvée toujours

cium populique Romani auctoritatem improbari : præsertim quum jam suo jure populus Romanus in hoc homine suam auctoritatem , vel contra omnes qui dissentiunt , possit defendere; propterea quod, istis reclamantibus, vos unum illum ex omnibus delegistis , quem bello prædonum præponeretis. Hoc si vos temere fecistis, et reipublicæ parum consuluistis, recte isti studia vestra suis consiliis regere conantur. Sin autem vos plus tum in republica vidistis, vos, his repugnantibus, per vosmet ipsos dignitatem huic imperio, salutem orbi terrarum attulistis : aliquando isti principes et sibi, et ceteris, populi Romani universi auctoritati parendum esse fateantur. Atque in hoc bello Asiatico et regio, non solum militaris illa virtus, quæ est in Cn. Pompeio singularis, sed aliæ quoque virtutes

à ce que vous voulez faire vous-mêmes pour ce grand homme, et de repousser ce que propose le peuple romain : le peuple a bien le droit de faire prévaloir sa volonté contre ceux qui s'y opposent, puisque c'est malgré les réclamations de ces mêmes hommes qu'il a chargé Pompée seul de la guerre des pirates. Si vous avez eu tort de faire ce choix, s'il a été funeste à la république, ils ont raison de vouloir régler vos vœux par leurs conseils ; mais si vous avez, dans cette circonstance, vu mieux qu'eux l'intérêt de l'État; si vous avez, malgré eux et par votre propre impulsion, rendu la dignité à Rome et sauvé l'univers, que ces grands personnages reconnaissent donc enfin qu'eux et les autres doivent se soumettre à l'autorité du peuple romain. Dans cette guerre d'Asie, dirigée contre des rois, il n'est pas seulement besoin de cette valeur militaire, que Pompée possède à un éminent degré, il faut encore d'autres qualités nombreuses et grandes.

a vobis ;	par vous ;
vestrum judicium	et votre jugement
de eodem hómine	sur ce-même homme
et auctoritatem	et l'autorité
populi Romani	du peuple romain
improbari ab illis :	être désapprouvés par eux :
præsertim	surtout
quum populus Romanus	quand le peuple romain
jam possit defendere	désormais peut défendre
suo jure	de son droit (à bon droit)
suam auctoritatem	son autorité
in hoc homine,	au-sujet-de cet homme,
vel contra omnes	même contre tous *ceux*
qui dissentiunt ;	qui diffèrent-d'avis ;
propterea quod,	parce que, [mations),
istis reclamantibus,	ceux-ci réclamant (malgré leurs récla-
vos delegistis illum	vous avez choisi celui-là (Pompée)
unum ex omnibus,	seul entre tous,
quem præponeretis	que vous missiez (pour le mettre)-à-la-tête
bello prædonum.	de la guerre des pirates.
Si vos fecistis hoc temere,	Si vous avez fait cela sans-réflexion,
et consuluistis parum	et avez veillé peu
reipublicæ,	à l'*intérêt de la* république,
isti conantur recte	ceux-ci s'efforcent avec raison
regere vestra studia	de diriger vos vœux
suis consiliis.	par leurs conseils.
Sin autem vos tum	Mais-si vous alors [blique,
vidistis plus in republica,	vous avez vu plus (mieux) pour la répu-
vos, his repugnantibus,	*si* vous, ceux-ci résistant (malgré leur ré-
attulistis	vous avez apporté (procuré) [sistance),
per vosmet ipsos	par vous-mêmes
dignitatem huic imperio,	la dignité à cet empire,
salutem orbi terrarum :	le salut au cercle des terres (à l'univers) :
isti principes	que ces premiers *des citoyens*
fateantur aliquando	avouent enfin
parendum esse	devoir être obéi
et sibi et ceteris	et par eux et par les autres
auctoritati	à l'autorité
populi Romani universi.	du peuple romain tout-entier.
Atque in hoc bello	Et dans cette guerre
Asiatico et regio,	d'-Asie et contre-des-rois,
non solum	non-seulement
illa virtus militaris,	ce courage militaire,
quæ est singularis	qui est éminent
in Cn. Pompeio	dans Cn. Pompée,
sed aliæ virtutes animi	mais les autres qualités de l'âme
multæ et magnæ	nombreuses et grandes

animi multæ et magnæ requiruntur. Difficile est in Asia, Cilicia, Syria, regnisque interiorum nationum, ita versari vestrum imperatorem, ut nihil aliud quam de hoste ac de laude cogitet. Deinde, etiam si qui sunt pudore ac temperantia moderatiores, tamen eos esse tales, propter multitudinem cupidorum hominum, nemo arbitratur. Difficile est dictu, Quirites, quanto in odio simus apud exteras nationes, propter eorum, quos ad eas per hos annos cum imperio misimus, injurias ac libidines. Quod enim fanum putatis in illis terris nostris magistratibus religiosum, quam civitatem sanctam, quam domum satis clausam ac munitam fuisse? Urbes jam locupletes ac copiosæ requiruntur, quibus causa belli propter diripiendi cupiditatem inferatur. Libenter hæc coram cum Q. Catulo et Q. Hortensio disputarem, summis et clarissimis viris : noverunt enim sociorum vulnera, vident eorum calamitates, querimonias audiunt.

Dans l'Asie, dans la Cilicie, dans la Syrie, chez des peuples plus reculés encore, il est bien difficile qu'un général romain ne pense qu'à l'ennemi et à la gloire. S'il en est qui soient vraiment purs et désintéressés, on ne les croit pas tels, à cause du grand nombre de ceux que l'on a vus cupides. Il est impossible, en effet, Romains, de vous dire de quelle haine nous sommes l'objet chez les peuples étrangers, grâce aux injustices et aux désordres des hommes que nous avons envoyés dans ces contrées avec un commandement, pendant ces dernières années. Croyez-vous qu'il y ait eu un temple que nos magistrats aient respecté, une ville qu'ils aient épargnée, une maison assez bien fermée, assez bien défendue contre leurs violences? On cherche maintenant quelles sont les villes les plus riches, les plus opulentes, pour leur déclarer la guerre, parce qu'on est avide de pillage. Je discuterais volontiers cette question avec Q. Catulus et Q. Hortensius, ces deux hommes si distingués; car ils connaissent les plaies de nos alliés, ils ont sous les yeux leurs malheurs, ils entendent leurs plaintes. Croyez-vous envoyer une armée contre vos enne-

requiruntur quoque	sont exigées aussi.
Difficile est	Il est difficile
in Asia, Cilicia, Syria,	dans l'Asie, *dans* la Cilicie, *dans* la Syrie,
regnisque	et dans les royaumes (États)
nationum interiorum,	des nations plus-au-dedans,
vestrum imperatorem	votre général
versari ita	se conduire de-telle-sorte
ut cogitet nihil aliud	qu'il ne pense à rien autre chose
quam de hoste ac de laude.	qu'à l'ennemi et à la gloire.
Deinde, etiam	Ensuite, même
si qui sunt moderatiores	si quelques-uns sont plus modérés
pudore ac temperantia,	par modestie et désintéressement,
tamen nemo arbitratur	cependant personne ne pense
eos esse tales,	eux être tels,
propter multitudinem	à-cause-de la multitude
hominum cupidorum.	des hommes cupides.
Difficile est dictu,	Il est difficile à être dit (de dire),
Quirites,	Romains,
in quanto odio simus	dans quelle-grande haine nous sommes
apud nationes exteras,	auprès des nations étrangères,
propter injurias	à cause des injustices
ac libidines	et des désordres
eorum quos misimus ad eas	de ceux que nous avons envoyés vers elles
cum imperio	avec un commandement
per hos annos.	pendant ces *dernières* années:
Quod enim fanum	En effet quel temple
putatis fuisse religiosum	pensez-vous avoir été respecté
nostris magistratibus	par nos magistrats
in illis terris,	dans ces contrées,
quam civitatem sanctam,	quelle ville *pensez-vous avoir été* sainte,
quam domum satis clausam	quelle maison assez fermée
ac munitam ?	et *assez* défendue ?
Urbes locupletes ac copiosæ	Les villes riches et opulentes
jam requiruntur,	désormais sont recherchées, [tentée
quibus causa belli inferatur	auxquelles une cause de guerre soit in-
propter cupiditatem	à cause du désir
diripiendi	de piller.
Disputarem hæc libenter	Je discuterais cela volontiers
coram	publiquement
cum Q. Catulo	avec Q. Catulus
et Q. Hortensio,	et Q. Hortensius,
viris summis et clarissimis:	hommes éminents et très-illustres,
noverunt enim	car ils connaissent
vulnera sociorum,	les blessures de *nos* alliés,
vident calamitates eorum,	ils voient leurs malheurs,
audiunt querimonias.	ils entendent *leurs* plaintes.
Putatis	Pensez-vous

Pro sociis vos contra hostes exercitum mittere putatis, an hostium simulatione contra socios atque amicos? Quæ civitas est in Asia, quæ non modo imperatoris aut legati, sed unius tribuni militum animos ac spiritus capere possit?

XXIII. Quare, etiam si quem habetis qui collatis signis exercitus regios superare posse videatur, tamen, nisi erit idem qui se a pecuniis sociorum, qui ab eorum conjugibus ac liberis, qui ab ornamentis fanorum atque oppidorum, qui ab auro gazaque regia manus, oculos, animum cohibere possit, non erit idoneus qui ad bellum Asiaticum regiumque mittatur. Ecquam putatis civitatem pacatam fuisse, quæ locuples sit? ecquam esse locupletem, quæ istis pacata esse videatur? Ora maritima, Quirites, Cn. Pompeium non solum propter rei militaris gloriam, sed etiam propter animi continentiam, requisivit. Videbat enim populum Romanum non locupletari quotannis pecunia publica præter paucos, neque nos quidquam

mis pour défendre vos alliés, ou n'est-ce pas contre vos amis, sous prétexte de combattre vos ennemis? Y a-t-il dans toute l'Asie une ville qui puisse suffire à la cupidité et à l'insolence, je ne dis pas d'un général ou d'un lieutenant, mais seulement d'un tribun?

XXIII. Aussi, eussiez-vous un homme qui parût capable de vaincre en bataille rangée les armées des deux rois, s'il n'est pas capable aussi de respecter les biens de nos alliés, leurs femmes et leurs enfants, les richesses qui ornent leurs temples et leurs villes, l'or et les trésors des rois, et de ne porter sur ces objets ni ses yeux, ni ses mains, ni ses désirs, cet homme-là n'est pas celui qu'il faut pour la guerre d'Asie contre les deux princes que nous combattons. Pensez-vous qu'il y ait une ville amie qui soit restée opulente, ou une ville opulente que ces hommes regardent comme amie? Les provinces maritimes, Romains, ont demandé Pompée, non-seulement à cause de sa gloire militaire, mais aussi à cause de sa modération. Elles voyaient, en effet, que ce n'était pas le peuple romain qui s'enrichissait, chaque

vos mittere exercitum | vous envoyer une armée
pro sociis contra hostes, | pour *vos* alliés contre *vos* ennemis,
an, simulatione hostium, | ou-bien, sous prétexte d'ennemis,
contra socios atque amicos? | contre *vos* alliés et *vos* amis ?
Quæ civitas est in Asia, | Quelle ville y-a-t-il en Asie,
quæ possit capere | qui puisse contenir (supporter)
animos ac spiritus | l'audace et l'insolence
non modo imperatoris | non-seulement d'un général
aut legati, | ou d'un lieutenant,
sed unius tribuni militum? | mais d'un seul tribun des soldats ?

XXIII. Quare, | XXIII. C'est-pourquoi,
etiam si habetis quem | même si vous avez quelqu'un
qui videatur | qui semble
posse superare | pouvoir vaincre
exercitus regios | les armées des-rois,
signis collatis, | les étendards étant rapprochés,
nisi idem erit | si le même n'est pas *un homme*
qui possit se cohibere | qui puisse se tenir éloigné
a pecuniis sociorum, | de l'argent des alliés,
qui manus, | qui *puisse éloigner ses* mains
oculos, animum | *ses* yeux, *son* âme
ab conjugibus | des épouses
ac liberis eorum, | et des enfants d'eux,
qui ab ornamentis | qui *puisse s'abstenir* des ornements
fanorum atque oppidorum, | de *leurs* temples et de *leurs* villes,
qui ab auro | qui *puisse s'abstenir* de l'or
gazaque regia, | et du trésor des-rois,
non erit idoneus, | il ne sera pas propre
qui mittatur ad bellum | qui soit (à être) envoyé à la guerre
Asiaticum regiumque. | de-l'Asie et contre-les-rois.
Ecquam civitatem | Quelle ville
putatis fuisse pacatam, | pensez-vous avoir été traitée-en-amie,
quæ sit locuples? | qui soit riche *encore?*
ecquam esse locupletem, | quelle *ville pensez-vous* être riche,
quæ videatur istis | qui semble à ces *hommes*
esse pacata? | être amie ?
Ora maritima, Quirites, | La côte maritime, Romains,
requisivit Cn. Pompeium | a demandé Cn. Pompée
non solum propter gloriam | non-seulement à cause de *sa* gloire
rei militaris, | de la chose militaire (dans la guerre),
sed etiam | mais encore
propter continentiam | à cause de la modération
animi. | de *son* âme.
Videbat enim | Car elle voyait
populum Romanum, | le peuple romain,
præter paucos, | excepté quelques *hommes*,
non locupletari quotannis | n'être pas enrichi tous-les-ans

5.

aliud assequi classium nomine, nisi ut, detrimentis accipiendis, majore affici turpitudine videremur. Nunc, qua cupiditate homines in provincias, quibus jacturis, quibus conditionibus proficiscantur, ignorant videlicet isti qui ad unum deferenda esse omnia non arbitrantur? Quasi vero Cn. Pompeium non quum suis virtutibus, tum etiam alienis vitiis, magnum esse videamus. Quare nolite dubitare quin huic uni credatis omnia, qui inter annos tot unus inventus sit, quem socii in urbes suas cum exercitu venisse gaudeant. Quod si auctoritatibus hanc causam, Quirites, confirmandam putatis, est vobis auctor vir bellorum omnium maximarumque rerum peritissimus, P. Servilius, cujus tantæ res gestæ terra marique exstiterunt, ut, quum de bello deliberetis, auctor vobis gravior esse nemo debeat; est C. Curio, summis vestris bene-

année, du produit des tributs, mais seulement quelques hommes, et que ce que nous appelons nos flottes ne nous sert qu'à nous faire essuyer de nouvelles pertes et de plus honteux affronts. Ceux qui ne veulent pas qu'on défère tous les pouvoirs à un seul ne savent donc pas avec quelle avidité, au moyen de quels engagements ruineux, à quelles conditions ces généraux partent pour les provinces? Eh! ne voyons-nous pas que Pompée est aussi grand par les vices des autres que par ses propres vertus? N'hésitez donc pas à confier tout à un seul homme, puisque, depuis tant d'années, il ne s'en est trouvé qu'un que nos alliés aient vu avec plaisir occuper leurs villes à la tête d'une armée. Vous faut-il des autorités pour justifier votre choix? Vous avez celle d'un homme qui a la plus grande expérience de la guerre et des intérêts importants, de P. Servilius, dont les exploits sur terre et sur mer ont été si brillants que vous ne sauriez, en pareille matière, consulter personne de plus compétent; vous avez celle de C. Curion, personnage comblé par vous de distinctions,

pecunia publica,	par l'argent public (les revenus),
neque nos assequi	et nous ne pas obtenir
quidquam aliud	quelque chose d'autre
nomine classium,	par le nom de flottes,
nisi ut,	sinon que,
accipiendis detrimentis,	en éprouvant des dommages,
videremur affici	nous parussions être accablés
majore turpitudine.	d'une plus grande honte.
Nunc videlicet	Maintenant apparemment
isti, qui non arbitrantur	ces *hommes*, qui ne pensent pas
omnia deferenda esse	tout devoir être confié
ad unum,	à un seul,
ignorant qua cupiditate,	ignorent avec quelle avidité,
quibus jacturis,	avec quelles pertes,
quibus conditionibus	à quelles conditions
homines proficiscantur	des hommes partent
in provincias?	pour les provinces?
Quasi vero non videamus	Comme si vraiment nous ne voyions pas
Cn. Pompeium	Cn. Pompée
esse magnum	être grand
quum suis virtutibus,	non-seulement par ses vertus,
tum etiam vitiis alienis.	mais-aussi par les vices des-autres.
Quare nolite dubitare	C'est pourquoi ne veuillez pas douter
quin credatis omnia	que vous ne deviez-confier tout
huic uni,	à celui-là seul,
qui inter tot annos	qui dans-l'espace-de tant-d'années
inventus sit unus	a été trouvé le seul
quem socii gaudeant	que *nos* alliés se réjouissent
venisse in urbes suas	*de voir* venir dans leurs villes
cum exercitu.	avec une armée.
Quod si putatis, Quirites,	Que si vous pensez, Romains,
hanc causam	cette cause
confirmandam	devoir être appuyée
auctoritatibus,	par des autorités,
auctor est vobis	*pour* autorité est à vous
vir peritissimus	un homme très-habile
omnium bellorum	dans toutes les guerres
rerumque maximarum,	et les affaires les plus importantes,
P. Servilius,	P. Servilius,
cujus res gestæ	dont les actions accomplies
terra marique	sur terre et sur mer
exstiterunt tantæ,	ont été si-grandes,
ut nemo debeat,	que personne ne doit,
quum deliberetis de bello,	quand vous délibérez sur une guerre,
esse vobis auctor gravior;	être *pour* vous une autorité plus forte;
est C. Curio,	*pour autorité* est C. Curion,
præditus	doué

ficiis, maximisque rebus gestis, summo ingenio et prudentia
præditus; est Cn. Lentulus, in quo omnes, pro amplissimis
vestris honoribus, summum consilium, summam gravitatem
esse cognoscitis; est C. Cassius [1], integritate, virtute, constantia singulari. Quare videte ut horum auctoritatibus, illorum
orationi qui dissentiunt, respondere posse videamur.

XXIV. Quæ quum ita sint, C. Manili, primum istam tuam
et legem, et voluntatem, et sententiam laudo vehementissi-
meque comprobo : deinde te hortor ut auctore populo Romano
maneas in sententia, neve cujusquam vim aut minas pertimescas. Primum in te satis esse animi perseverantiæque arbitror : deinde, quum tantam multitudinem cum tanto studio
adesse videamus, quantam nunc iterum in eodem homine
præficiendo videmus, quid est quod aut de re aut de perficiendi facultate dubitemus? Ego autem, quidquid in me est

qui a fait également de grandes choses, et qui est aussi remarquable
par son génie que par sa prudence; vous avez celle de Cn. Lentulus,
en qui vous reconnaissez tous, ainsi que le font voir les hautes dignités dont vous l'avez revêtu, une sagesse rare, un mérite éminent; vous avez C. Cassius, dont l'intégrité, la valeur, la fermeté,
sont au-dessus des éloges. Voyez donc si de telles autorités ne sem·
blent pas suffisantes pour répondre à ceux qui combattent notre
sentiment.

XXIV. Voilà, C. Manilius, les raisons qui me font d'abord ap-
prouver et louer hautement et la loi, et vos intentions, et votre pro-
jet; puis, je vous engage à maintenir votre proposition, que le
peuple romain appuie, et à ne vous laisser intimider ni par la violence ni par les menaces. Je vous crois, d'un côté, assez de courage
et de persévérance pour le faire; et, de l'autre, en présence d'une
telle multitude et de l'empressement qu'elle met à vouloir encore
une fois confier nos troupes au même chef, comment douter de l'u-
tilité ou du succès de la proposition? Pour moi, tout ce que j'ai de

vestris summis beneficiis,
de vos plus grands bienfaits,

maximisque rebus gestis,
et de très-grandes choses faites,

summo ingenio
d'un éminent génie

et prudentia;
et d'une prudence *éminente;*

est Cn. Lentulus,
pour autorité est Cn. Lentulus,

in quo omnes cognoscitis,
en qui tous vous reconnaissez,

pro vestris honoribus
eu-égard-à vos honneurs

amplissimis,
très-considérables,

summum consilium,
une très-grande sagesse,

summam gravitatem esse;
une très-grande valeur être

est C. Cassius,
pour autorité est C. Cassius,

integritate, virtute,
d'une intégrité, d'une valeur,

constantia singulari.
d'une fermeté rare.

Quare videte
C'est-pourquoi remarquez

ut videamur
comme nous semblons

posse respondere
pouvoir répondre

auctoritatibus horum
par les autorités de ceux-ci

orationi illorum
au langage de ceux-là

qui dissentiunt.
qui diffèrent-d'avis.

XXIV. Quum quæ sint
C. Manili, [ita,
XXIV. Puisque cela est ainsi,
C. Manilius,

laudo primum
je loue d'abord

comproboque
et j'approuve

vehementissime
très-énergiquement

et istam legem tuam,
et cette loi tienne,

et voluntatem,
et *cette* intention *tienne,*

et sententiam:
et *cet* avis *tien:*

deinde hortor te
ensuite j'engage toi

ut maneas in sententia,
à ce que tu demeures dans *ton* sentiment,

populo Romano auctore,
le peuple romain étant favorable,

neve pertimescas
et à ce que tu ne craignes pas

vim aut minas cujusquam.
la violence ou les menaces de quelqu'un.

Primum arbitror
D'abord je pense

satis animi
assez de courage

perseverantiæque
et de persévérance

esse in te:
être en toi:

deinde, quum videamus
ensuite, puisque nous voyons

tantam multitudinem
une aussi-grande multitude

adesse cum tanto studio,
être-présente avec un si-grand empres-

quantam videmus
que nous *la* voyons [sement,

nunc iterum
aujourd'hui pour-la-seconde-fois

in eodem homine
au-sujet-d'un même homme

præficiendo,
devant être-mis-à-la-tête *de nos troupes,*

quid est quòd dubitemus
qu'y-a-t-il pour que nous doutions

aut de re,
ou de la chose,

aut de facultate perficiendi?
ou du moyen de *l'*achever?

Ego autem,
Mais moi,

studii, consilii, laboris, ingenii, quidquid hoc beneficio populi
Romani atque hac potestate prætoria, quidquid auctoritate,
fide, constantia possum, id omne ad hanc rem conficiendam
tibi et populo Romano polliceor ac defero. Testorque omnes
deos, et eos maxime qui huic loco temploque præsident, qui
omnium mentes eorum, qui ad rempublicam adeunt, maxime
perspiciunt, me hoc neque rogatu facere cujusquam, neque
quo Cn. Pompeii gratiam mihi per hanc causam conciliari
putem, neque quo mihi ex cujusquam amplitudine aut præ-
sidia periculis, aut adjumenta honoribus quæram : propterea
quod pericula facile, ut hominem præstare oportet, innocentia
tecti repellemus ; honores autem neque ab uno, neque ex hoc
loco, sed eadem nostra illa laboriosissima ratione vitæ, si
vestra voluntas feret, consequemur. Quamobrem, quidquid
in hac causa mihi susceptum est, Quirites, id omne me rei-

zèle, de prudence, d'énergie, d'intelligence, tout ce que me donne
de pouvoir cette charge de préteur, dont le peuple romain a daigné
me revêtir, tout ce que mon crédit, ma probité, ma fermeté, me
prêtent d'influence, je le mets au service de vous et du peuple romain pour la réussite de cette affaire. Je prends à témoin tous les
dieux, et particulièrement ceux qui président à cette enceinte et à
ce temple, et qui lisent dans les cœurs des citoyens qui traitent les
affaires de l'État, que je n'agis ici à la sollicitation de personne, que
je ne cherche point, en aidant à l'élévation d'un homme, à me préparer
un secours contre les dangers ou un moyen d'arriver aux honneurs :
les dangers, je saurai, comme le doit faire un homme de bien, les
repousser par mon innocence ; les honneurs, ce n'est pas par la protection d'un homme, ni par mes discours à cette tribune, mais en
persistant dans la carrière laborieuse que j'ai choisie, que j'espère y
arriver, grâce à vos suffrages. Je proteste donc, Romains, que tout

quidquid est in me studii,	tout-ce-qui est en moi de zèle,
consilii, laboris,	de prudence, d'activité,
ingenii ,	de talent,
quidquid possum	tout-ce-que je puis
hoc beneficio	par ce bienfait
populi Romani	du peuple romain
atque hac potestate	et par cette puissance
prætoria,	de-préteur;
quidquid auctoritate,	tout-ce-que *je puis* par *mon* autorité,
fide, constantia,	par *ma* bonne-foi , par *ma* fermeté,
polliceor ac defero	je promets et je consacre
id omne	tout cela
tibi et populo Romano	à toi et au peuple romain
ad hanc rem conficiendam.	pour cette entreprise devant être achevée.
Testorque omnes deos,	Et j'atteste tous les dieux,
et maxime	et surtout
eos qui præsident huic loco	ceux qui président à ce lieu
temploque,	et à *ce* temple,
qui perspiciunt maxime	qui voient le mieux
mentes omnium eorum	les âmes de tous ceux
qui adeunt	qui s'approchent
ad rempublicam ,	des affaires-publiques,
me facere hoc	moi faire cela
neque rogatu cujusquam ,	ni sur la demande de quelqu'un ,
neque quo putem	ni pour que je pense
gratiam Cn. Pompeii	la faveur de Cn. Pompée
conciliari mihi	être acquise à moi
per hanc causam,	par cette cause,
neque quo quæram mihi	ni pour que je cherche pour moi
aut præsidia periculis,	ou des appuis pour les périls,
aut adjumenta honoribus,	ou des soutiens pour les honneurs,
ex amplitudine cujusquam:	dans la grandeur de quelqu'un :
propterea quod	attendu que
repellemus facile pericula,	nous repousserons facilement les périls ,
tecti innocentia,	couverts par notre innocence,
ut oportet	comme il faut
hominem præstare ;	un homme *le* montrer (faire);
consequemur autem hono-	et que nous *n*'obtiendrons les honneurs
neque ab uno [res	ni d'un seul
neque ex hoc loco,	ni au-moyen-de ce lieu ,
sed illa eadem ratione vitæ	mais par cette même manière de vivre
nostra laboriosissima,	*qui est* nôtre *et* très-laborieuse,
si vestra voluntas feret.	si votre volonté *le* permet.
Quamobrem, Quirites,	C'est-pourquoi, Romains,
quidquid susceptum est	tout-ce-qui a été entrepris
mihi	par moi
in hac causa,	dans cette cause,

publicæ causa suscepisse confirmo; tantumque abest ut aliquam bonam gratiam mihi quæsisse videar, ut multas etiam simultates partim obscuras, partim apertas, intelligam, mihi non necessarias, vobis non inutiles, suscepisse : sed ego me hoc honore præditum, tantis vestris beneficiis affectum, statui, Quirites, vestram voluntatem, et reipublicæ dignitatem, et salutem provinciarum atque sociorum, meis omnibus commodis et rationibus præferre oportere.

ce que j'ai entrepris dans cette circonstance, c'est dans l'intérêt de la république que je me le suis proposé ; et, bien loin d'avoir cherché à me concilier l'amitié de quelqu'un, je ne me dissimule pas que je me suis attiré bien des haines secrètes ou déclarées, haines fâcheuses pour moi, mais qui peut-être ne seront pas inutiles pour vous. J'ai résolu, Romains, après les fonctions dont vous m'avez honoré et les faveurs dont j'ai été comblé par vous, de préférer l'exécution de votre volonté et le salut des provinces et des alliés à mon propre bien et à mes propres intérêts.

confirmo me
suscepisse id omne
causa reipublicæ ;
tantumque abest
ut videar mihi quæsisse
aliquam bonam gratiam,
ut intelligam etiam
suscepisse
multas simultates,
partim obscuras,
partim apertas,
non necessarias mihi,
non inutiles vobis :
sed ego statui, Quirites,
oportere
me præditum hoc honore,
affectum vestris beneficiis
tantis,
præferre
vestram voluntatem,
et dignitatem reipublicæ,
et salutem provinciarum
atque sociorum,
omnibus meis commodis
et rationibus.

j'affirme moi
avoir entrepris tout cela
pour la république ;
et tant s'en faut
que je paraisse à moi-même avoir cherché
quelque bonne faveur,
que je comprends même
moi avoir encouru
de nombreuses inimitiés,
en partie cachées,
en partie découvertes,
non nécessaires pour moi,
non inutiles pour vous :
mais moi j'ai pensé, Romains,
falloir (qu'il fallait)
moi gratifié de cet honneur,
comblé de vos bienfaits
si-grands,
préférer
votre volonté,
et la dignité de la république,
et le salut des provinces
et des alliés,
à tous mes avantages
et à *tous mes* intérêts.

NOTES.

Page 4 : 1. *Agendum. Agere* se disait particulièrement des propositions faites au peuple par les magistrats.

Page 6 : 1. *Ter prætor primus renuntiatus sum.* Il avait été nommé préteur deux fois dans les comices qui furent interrompus, et une troisième fois dans les comices définitifs. Il y avait huit préteurs ; le premier était celui qui avait réuni le plus grand nombre de suffrages.

Page 8 : 1. *Mithridate et Tigrane.* Mithridate VII Eupator, roi de Pont, fit quarante ans la guerre aux Romains avec des chances diverses; ce fut Pompée qui lui porta les derniers coups. Tigrane, roi d'Arménie, soutint longtemps Mithridate.

— 2. *Asiam.* Il ne faut entendre par ce mot que la partie de l'Asie dont les Romains étaient maîtres, la province d'Asie.

— 3. *Magnæ res occupatæ.* Les chevaliers romains faisaient les fonctions de fermiers généraux ; ils affermaient la levée des impôts, et leur fortune répondait de leur gestion.

— 4. *Bithyniæ.* Nicomède, roi de Bithynie, chassé de ses États par Mithridate, y avait été rétabli par Sylla; plus tard, il légua son royaume au peuple romain.

Page 10 : 1. *Ariobarzanis.* Ariobarzane régnait en Cappadoce.

— 2. *Lucullum.* Lucullus, si fameux par ses richesses, avait succédé à Sylla dans la direction de la guerre contre Mithridate.

— 3. *Huic qui successerit.* Il s'agit de Manius Acilius Glabrion, qui remplaça quelque temps Lucullus, et joua un rôle peu brillant dans cette guerre.

Page 12 : 1. *Cives Romanos.* Plutarque dit cent cinquante mille, dans la *Vie de Sylla;* Valère Maxime, quatre-vingt mille.

Page 14 : 1. *L. Murena.* L. Muréna, lieutenant de Sylla, était resté en Asie avec deux légions, quand celui-ci fut obligé de revenir à Rome pour lutter contre le parti de Marius. Sylla le rappela peu après.

— 2. *In Hispaniam.* Sertorius, proscrit par Sylla, s'était réfugié en Espagne, où il fit une guerre longue et sanglante aux généraux romains. Mithridate lui envoya, dit-on, deux ambassadeurs chargés de négocier une alliance qui eût été funeste à Rome. Ce fut à L. Magius et à L. Fannius, transfuges de l'armée de Marius, qui servaient dans l'armée de Mithridate, que fut confiée cette mission.

— 3. *Ecbatanis*, Ecbatane, capitale de l'empire des Perses, dans les États de Tigrane.

Page 18 : 1. *Appellati superbius.* Suivant Tite Live, ils avaient été frappés et insultés, pour avoir voulu s'opposer à ce que le congrès ordinaire des peuples grecs eût lieu à Corinthe.

— 2. *Consularem.* Ce personnage consulaire était Manius Aquilius, qui avait vaincu les esclaves en Sicile.

Page 20 : 1. *Alium.* Glabrion, que ces peuples craignaient de choquer en demandant un autre général.

Page 22 : 1. *Antiocho... Philippo... Ætolis... Pœnis.* Antiochus III, surnommé le Grand, roi de Syrie, ligué avec les Étoliens, avait inquiété les villes grecques alliées. Philippe, roi de Macédoine, avait assiégé Athènes, unie aux Romains par une alliance. Les Carthaginois avaient attaqué Messine, ville alliée des Romains ; ceux-ci la secoururent, et ce fut là l'origine de la première guerre Punique.

Page 32 : 1. *Maximas copias.* Plutarque nous apprend qu'il avait cent vingt mille hommes de pied et seize mille chevaux.

Page 34 : 1. *Ducibus Sertorianis.* Il s'agit des forces que Sertorius avait envoyées à Mithridate : la flotte était, dit-on, de cinquante vaisseaux.

Page 36 : 1. *Medea.* On peut lire cet intéressant épisode de l'expédition des Argonautes dans le septième livre des *Métamorphoses* d'Ovide.

Page 38 : 1. *Fani.* Le temple en question était consacré à Bellone, dans une ville du Pont nommée Comane. Il fut plus tard pillé par Muréna.

— 2. *Urbem ex Tigranis regno.* Tigranocerte, ville capitale de l'Arménie.

Page 42 : 1. *Calamitatem.* Les deux lieutenants que Lucullus avait laissés dans le Pont y essuyèrent successivement, au rapport de Plutarque et d'Appien, deux défaites sanglantes.

Page 44 : 1. *Bello maximo.* Il s'agit de la guerre civile contre Cinna, dans laquelle Pompéius Strabo, père du grand Pompée, joua un rôle assez important.

— 2. *Summi imperatoris.* L'orateur veut parler de Sylla.

Page 46 : 1. *Civile, Africanum.... bellum.* — *Guerre civile*, contre Cinna et Carbon ; *guerre d'Afrique*, contre Iarbas, roi de Numidie, qui soutenait les Romains proscrits ; *guerre au delà des Alpes*, contre les Gaulois ; *guerre d'Espagne*, contre Sertorius ; les nations belliqueuses dont il est question, sont les Ibériens et les Lusitaniens ; *guerre d'esclaves*, contre Spartacus ; *guerre maritime*, contre les pirates.

Page 48 : 1. *Sicilia*. Perpenna et Carbon, chassés d'Italie, se réfugièrent en Sicile.

Page 52 : 1. *Legati*. On ne sait de quels personnages il s'agit.

— 2. Cnide, ville de Carie ; Colophon, ville d'Ionie ; Samos, île de la mer Egée.

Page 54 : 1. *Caietæ*, Caiète, port de Campanie.

— 2. *Prætore*. Peut-être était-ce Marcus Antonius, qui fut envoyé avant Pompée contre les pirates, et dont la fille, suivant Plutarque, fut prise par eux. Le mot *liberos* pourrait faire allusion à cet événement.

Page 56 : 1. *Duabus Hispaniis*. L'Espagne en deçà de l'Èbre et l'Espagne au delà de ce fleuve.

— 2. *Duo maria*. La mer Adriatique et la mer de Toscane.

Page 58 : 1. *Cretensibus*. Métellus faisait alors la guerre aux Crétois ; la soumission de l'île lui valut le surnom de *Creticus*.

Page 86 : 1. Antiochus, roi de Syrie, fut vaincu sur mer par C. Livius ; Persée, roi de Macédoine, le fut par C. Octavius.

— 2. *Appia via*. La voie Appienne, une des plus belles routes romaines, allait jusqu'à Brindes ; elle était voisine de la mer, auprès de Terracine.

— 3. *Quum eum.... reliquissent*. On sait que la tribune aux harangues était appelée *rostra*, parce qu'elle était ornée des éperons des navires pris sur les Antiates.

Page 92 : 1. *Si quid eo factum esset*. Périphrase que les Romains employaient par superstition pour éviter de prononcer le nom de la *mort*.

Page 94 : 1. *Eodem Scipione*. Scipion Émilien avait déjà mérité, par la prise de Numance, en Espagne, le surnom de Numantin, quand la destruction de Carthage lui valut celui de second Africain.

Page 108 : 1. P. Servilius, surnommé Isauricus, avait battu les Isauriens et les pirates ; Caïus Scribonius Curio avait été consul avec Cn. Octavius ; Cn. Lentulus avait battu Spartacus ; C. Cassius avait été consul l'année d'avant Lentulus.

LIBRAIRIE DE L. HACHETTE ET Cie.

TRADUCTIONS JUXTALINÉAIRES

DES

PRINCIPAUX AUTEURS CLASSIQUES LATINS.

FORMAT IN-12.

—➤➤➤◉◎◐◖ᱤᱤᱤ—

Cette collection comprendra les principaux auteurs qu'on explique dans les classes.

EN VENTE LE 1er JANVIER 1853 :

CICÉRON : Catilinaires (les quatre).
  Prix........................ 3 fr.
La 1re Catilinaire séparément.. 50 c.
— Dialogue sur l'Amitié........ 2 fr.
— Dialogue sur la Vieillesse.... 2 fr.
— Discours contre Verrès sur les
  Statues.................... 4 fr.
— Discours contre Verrès sur les Sup-
  plices..................... 4 fr.
— Plaidoyer pour Archias..... 90 c.
— Plaidoyer pour Milon.. 2 fr. 50 c.
— Plaidoyer pour Muréna. 2 fr. 50 c.
— Songe de Scipion......... 75 c.
HORACE : Art poétique...... 90 c.
— Épîtres................... 3 fr.
— Odes et Épodes. 2 vol. Prix... 7 fr.
   On vend séparément :
Le Ier et le IIe livre des Odes.... 3 fr.
Le IIIe et le IVe livre des Odes et
  les Épodes .... 4 fr.
— Satires.................... 3 fr.
LHOMOND : Epitome historiæ sa-
  cræ....................... 3 fr.

PHÈDRE : Fables............ 3 fr.
SALLUSTE : Catilina.... 2 fr. 50 c.
— Jugurtha.................. 5 fr.
TACITE : Annales, liv. Ier. 2 fr. 50 c.
— Germanie (la)......... 1 fr. 50 c.
— Vie d'Agricola....... 1 fr. 75 c.
TÉRENCE : Adelphes........ 2 fr.
— Andrienne............ 2 fr. 50 c.
VIRGILE : Églogues.... 1 fr. 50 c.
La 1re Églogue, séparément. 30 c.
— Énéide :
Livres I, II, III réunis en un vol.
  Prix...................... 4 fr.
Livres IV, V, VI réunis en un vol.
  Prix...................... 4 fr.
Livres VII, VIII, IX réunis en un vol.
  Prix...................... 4 fr.
Livres X, XI, XII réunis en un vol.
  Prix...................... 4 fr.
Chaque livre séparément. 1 fr. 50 c.
— Géorgiques (les quatre livres),
  1 volume................. 3 fr.
Chaque livre séparément.... 90 c.

—◆—◆—

À la même Librairie :

TRADUCTIONS JUXTALINÉAIRES

DES PRINCIPAUX AUTEURS GRECS,

à l'usage

des classes et des aspirants au baccalauréat ès lettres.

De l'imprimerie de Ch. Lahure (ancienne maison Crapelet),
rue de Vaugirard, 9, près de l'Odéon.

www.ingramcontent.com/pod-product-compliance
Lightning Source LLC
Chambersburg PA
CBHW071201200326
41519CB00018B/5310